Sinonimero
Valentín Rincón

Primera edición: Producciones Sin Sentido Común, 2015

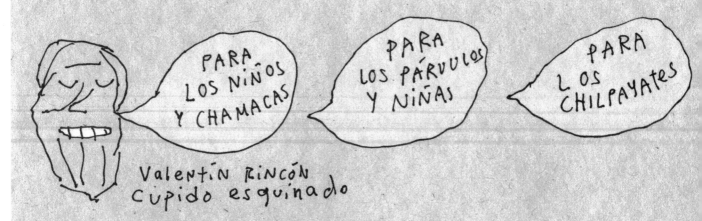

D.R. © 2015, Producciones Sin Sentido Común, S.A. de C.V.
Avenida Revolución 1181, piso 7,
colonia Merced Gómez,
03930, México, D.F.

Texto © Valentín Rincón, 2015
Ilustraciones © Alejandro Magallanes, 2015

ISBN: 978-607-8237-74-6

Impreso en México

Sinonimero

Valentín Rincón
Diseñado por Alejandro Magallanes

NOS
TRA
EDICIONES

ÍNDICE

Introducción

¿Son sinónimos lo que tiene en la nariz
y lo que tiene en la cabeza?

El libro que tienes ahora en tus manos, **Sinonimero**, se hizo pensando primordialmente en ti, niño de primaria, en ti, papá o mamá, y en ti, maestro. Está dirigido a ustedes, aunque también a todo aquél que se interese en el tema de los sinónimos.

Pero... ¿qué significa la palabra sinónimo, qué son los sinónimos, cuál es su utilidad?

Según el Diccionario de la Real Academia Española,
sinónimo, ma.- Dícese de los vocablos y expresiones que tienen una misma o muy parecida significación.

De una forma sencilla podemos decir que *sinónimos* son palabras diferentes que significan lo mismo o casi lo mismo. *Comenzar* y *empezar* son palabras sinónimas. *Pelo* y *cabello* lo son también. *Esposo* es sinónimo de *marido*.

Dicho de otro modo, *sinónimos* o *palabras sinónimas* son las que expresan una misma idea fundamental, la cual, en cada una de ellas, puede variar por algunas ideas accesorias. Son vocablos que se escriben y pronuncian de diferente modo y que llevan en su fondo un mismo significado, pero pueden tener diferencias sutiles o matices distintos en cuanto a su sentido.

Ya de las definiciones se aprecia que dos palabras para considerarse sinónimas no necesariamente deben tener idéntico significado, basta con que sea parecido.

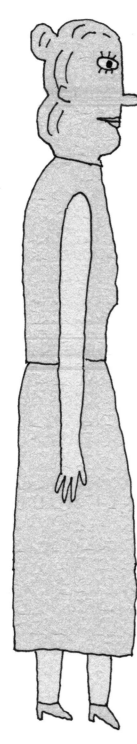

Cuando el significado es idéntico, los sinónimos sirven para no repetir la palabra o frase, lo que podría causar monotonía en el discurso. Cuando la igualdad no es completa, sino que las voces o frases sólo son parecidas o tienen matices diferentes, su uso apropiado da riqueza a la expresión de las ideas.

¿Y su reflejo será un sinónimo de su imagen?

¿Cómo le dices tú a este animal?

¿Puerco, cerdo, cochino, marrano?

Lo llames como lo llames, te entienden, porque todas esas palabras
designan al mismo animal: son sinónimas.

A él le gusta que le llamen cariñosamente chuletita.

¿Qué palabras, aparte de *mono,* usarías para nombrar a este animal?

¿Simio, chango, mico, primate, macaco, antropoide?

Estos vocablos son sinónimos de mono y, a su vez, sinónimos entre sí.

El primate, al verte, no supo qué sinónimo usar.

Si permaneces sin sentarte, ¿*estás de pie* o *estás parado*? Pues es lo mismo, porque esas frases son sinónimas.

¿Por qué tantas palabras para nombrar un mismo objeto, una misma situación?

A veces se debe a que en diferentes lugares la gente ha llamado así a las cosas, o se le ha ocurrido variadas formas de describir los sentimientos o las vivencias.

Tenemos por ejemplo la palabra *guajolote*, como le decimos a este animal, al que también llamamos *pavo*, palabra de origen latino, y en otros lugares lo llaman *cócono*, *pípilo* o *totol*, que derivan del náhuatl.

Un totol parado o un pavo de pie.

11

Míralo cómo está observando.

Otras veces esas distintas palabras que se usan para nombrar lo mismo, los sinónimos, tienen pequeñas diferencias. Por ejemplo, *mirar* y *ver* no significan exactamente lo mismo: si fija uno la vista atentamente en algo pensando en ello, diremos que lo estamos *mirando*; pero si solamente posamos la vista en ese objeto sin meditar en él, diremos más correctamente que lo estamos *viendo*.

Entre palabras sinónimas se puede elegir la que uno quiera. Algunos sinónimos llevan en sí matices diferentes, unos porque cierta voz es más culta que otra (*párvulo* en contraste con *niño*, por ejemplo), otros por guardar un cierto tono despectivo o hiriente o, por lo contrario, ser más afectuosos, o respetuosos.

Observa:

Una mamá, en el cine, dice a su brioso hijito: —Jaimito, estate quieto—. El **niño** la ignora. Una señora cerca de ellos murmura a su vecina: —Qué **chamaco** más latoso—. Como el **querubín** sigue animado, el hombre a quien mece el respaldo con sus piececitos se vuelve y le suelta un: —¡**Escuincle**, deja ya de fregar!

Aquí se ve que tales palabras, aunque sinónimas, no sirven para lo mismo. Aquí se usó **querubín**, claro está, irónicamente. Y no se imagina uno que el señor, por muy cortés que fuera, le hubiera dicho a Jaimito: —¡**Chicuelo**, deja ya de fregar!

Un niño es tan importante que usamos muchas palabras para nombrarlo, pero que, sin dejar de significar niño, llevan matices varios. Así, **bebés** o **criaturas** son niños pequeños; **nenes** ya lo son más creciditos; **párvulos** son niños dicho en forma literaria o culta; en Argentina son **pibes**; pueden ser también **muchachitos**, etcétera. En México, ya sea en forma despectiva o cariñosa en su caso, un bebé es un **chilpayate**.

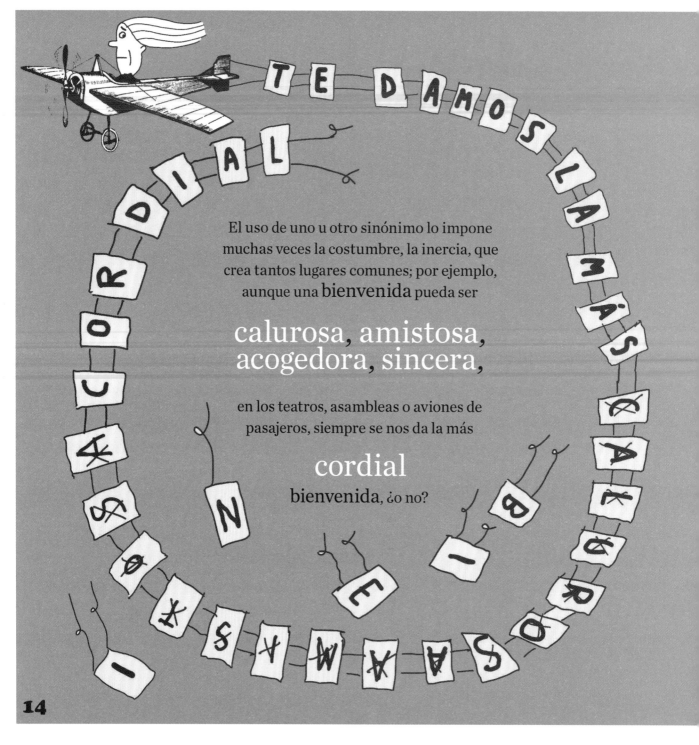

TE DAMOS LA MÁS CORDIAL BIENVENIDA CASO DE QUE NO SEA CALUROSA AMISTOSA ACOGEDORA

El uso de uno u otro sinónimo lo impone muchas veces la costumbre, la inercia, que crea tantos lugares comunes; por ejemplo, aunque una bienvenida pueda ser

calurosa, amistosa, acogedora, sincera,

en los teatros, asambleas o aviones de pasajeros, siempre se nos da la más

cordial
bienvenida, ¿o no?

La diversidad de sinónimos con que contamos puede dar colorido
y claridad al lenguaje.

Hay veces que usamos algún adjetivo muy conocido porque es el primero que nos llega a
la mente, pero que no da la idea exacta de lo que queremos expresar. Por ejemplo:

Esa joven me cautiva: es bonita.

Puede ser que la frase exprese mejor la idea que tenemos, si decimos:

Esa joven me cautiva: es hermosa.

Otro ejemplo:

Llevar una dieta balanceada es bueno.

Se precisa más la idea usando un sinónimo de *bueno*:

Llevar una dieta balanceada es saludable.

Podemos decir:

Me impresionó esa catedral: es grande.

Pero tal vez lo que queremos decir es:

Me impresionó esa catedral: es grandiosa.

Observemos la oración

En esta noche clara el agua
del lago luce clara.

Ganaremos mucho en elegancia si la cambiamos por:

En esta noche clara el agua
del lago luce cristalina.

En este último ejemplo, adicionalmente, se eliminó la repetición de términos.

Sutiles diferencias en el significado:

Subir es sinónimo de *abordar*. Puedes decir "me *subí* al autobús" o "*abordé* el autobús"; sin embargo, en otro caso, podrías decir "*me subí* al árbol", pero no se te ocurriría decir "*abordé* el árbol".

Sinónimos con diferencia de grado:

Hay casos en los que debemos escoger el término que convenga de acuerdo a la intensidad de lo que queremos comunicar. Por ejemplo, si tenemos que elegir entre los sinónimos *sonrisa, risa* o *carcajada*.

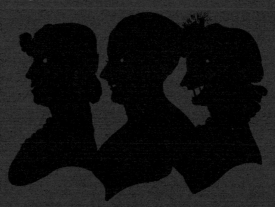

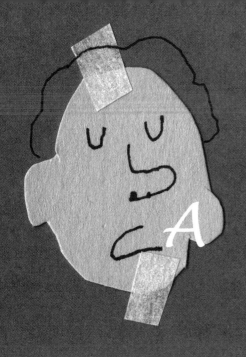

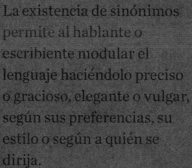

La existencia de sinónimos permite al hablante o escribiente modular el lenguaje haciéndolo preciso o gracioso, elegante o vulgar, según sus preferencias, su estilo o según a quién se dirija.

Hay así el habla descuidada y burda, quizá de personas con poca instrucción, y hay también el discurso intencionadamente rebuscado de quien ostenta su erudición, lo que resulta, en vez de hermoso, petulante y risible. Entre esos dos extremos está el lenguaje de las personas que hablan con propiedad y sencillez, sin descuidar la corrección. Encontrar ese justo medio es fruto, en gran medida, de las buenas lecturas y de la educación.

Lo mismo pero dicho diferente.

Ocurre que, debido a un fenómeno llamado *polisemia*, que consiste en la presencia de diferentes significados en una misma palabra, tal palabra puede tener sinónimos que no son sinónimos entre sí.

Por ejemplo, la voz *cuento*, en su sentido de "narración de hechos fantásticos", será sinónima de *relato*, *narración*, *fábula*; pero en su acepción de "cosa que alguien cuenta como verdadera siendo invención suya", lo será de *chisme*, *mentira*, *hablilla*, *enredo*.

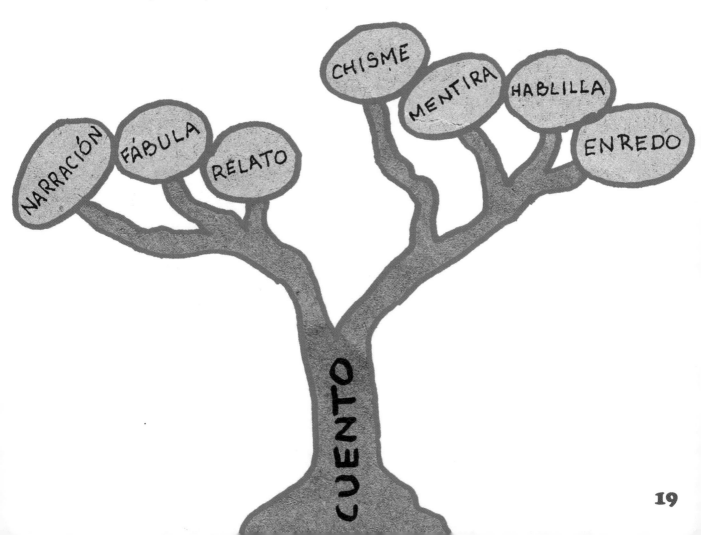

La palabra *carta* puede significar "papel escrito, y ordinariamente cerrado, que una persona envía a otra para comunicarse con ella". En este caso será sinónima de *mensaje, correspondencia, epístola* y *misiva*; en su acepción de "mapa de la tierra o parte de ella", lo será de *mapa* y *plano*; en otro sentido tendrá como sinónimos *naipe* y *baraja*; y en otro más será sinónima de *menú*.

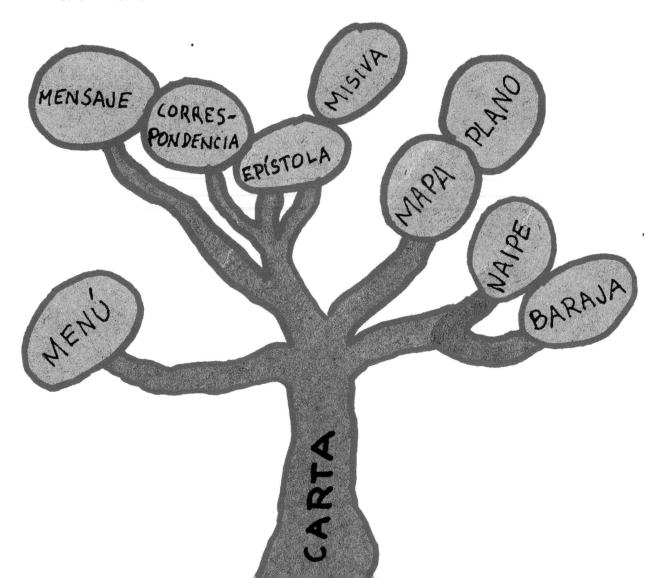

Otro ejemplo: el término *papel*, en su sentido de "hoja generalmente de celulosa para escribir o envolver", será sinónimo de *pliego, documento, carta, recado, película*; pero en su acepción de "parte en una obra teatral", lo será de *personaje, actuación, buen papel, mal papel, papelón*.

Por su parte, *película* tendrá como sinónima la voz *filme;* en otro sentido *membrana, cutícula* y *piel*; y la locución *papel sanitario*, la de *papel higiénico*.

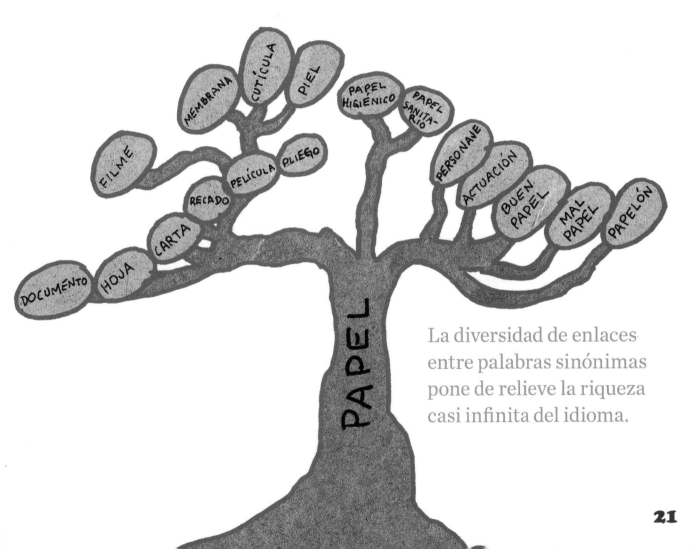

La diversidad de enlaces entre palabras sinónimas pone de relieve la riqueza casi infinita del idioma.

Frases o expresiones sinónimas

Como explicamos anteriormente, no sólo las palabras pueden tener sinónimos, también las expresiones.

Observa el siguiente relato:

Luisito le pregunta a su papá: —¿Por qué cuando alguien muere dicen que entregó el equipo?
—Es que hay varias formas de decir una idea. Se dice que se *entrega el equipo* porque se quiere dar a entender, en sentido figurado, que ya terminó uno su labor, su actuación en la vida. Es como cuando vas a un balneario y alquilas aletas, visor y esnórquel, y al salir tienes que devolver ese equipo; o como cuando un jugador de futbol americano después del partido tiene que devolver las hombreras, el casco, las rodilleras, etcétera, es decir, su equipo. Tiene que *entregar el equipo*. Ya terminó su tarea. A eso se refiere la expresión.

Para expresar *murió,* también se acostumbra decir: **estiró la pata, se petateó, colgó los tenis, dio la última boqueada, pasó a mejor vida.** Todas ellas son frases sinónimas y son de uso coloquial.

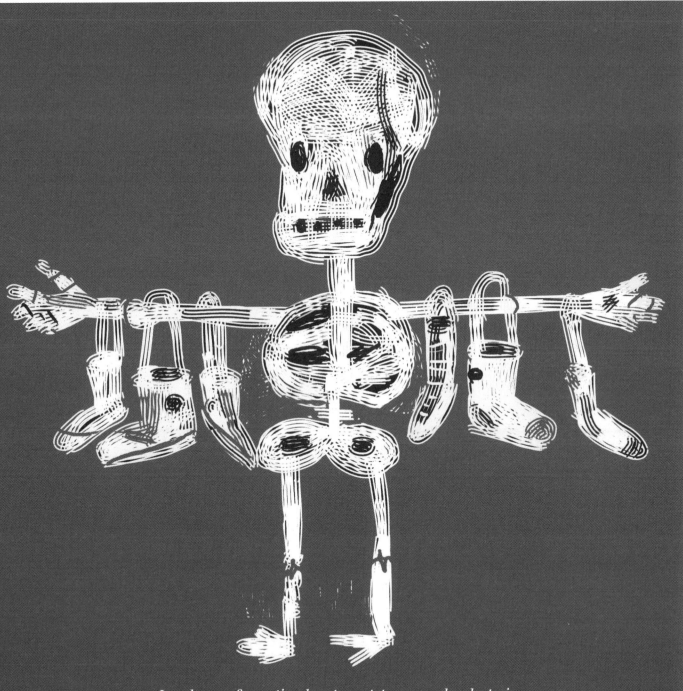

La calaca prefiere estirar la pata o petatearse, a colgar los tenis.

Algo acerca del diccionario[1]

Una parte fundamental del *Sinonimero* es el "Diccionario breve de sinónimos" incluido en él. Dicho diccionario contiene cerca de 580 voces con sus respectivos sinónimos. 580 palabras en realidad no son muchas si comparamos esta cifra ya no digamos con la cantidad total de vocablos del idioma español, sino con el cúmulo contenido en otros diccionarios, que es cercano a 12 000 en cada uno de ellos.

Este trabajo incluye sólo palabras usuales que pudieran ser útiles e interesantes para los niños de primaria.

Como señalamos antes, hay ocasiones en que si sustituimos una palabra por un sinónimo, la idea que queremos comunicar se expresa de manera más precisa. Un diccionario de sinónimos nos puede servir para tal objetivo.

Con el objeto de aclarar convenientemente el uso adecuado de algunos sinónimos, inmediatamente después del diccionario aparece una serie de frases que muestran la utilización de éstos. Tales casos están marcados en el cuerpo del diccionario con la abreviatura **V. E.** (ver ejemplos).

Algunos de los vocablos derivados del idioma náhuatl incluidos en el diccionario, para que su significado sea cabalmente comprendido, requieren de alguna explicación. Estas palabras fueron resaltadas en verde, y la relación de tales aclaraciones aparece inmediatamente después del diccionario.

Por último, la abreviatura **V.** (ver) indica que se consulte también la palabra junto a la que aparece.

---

[1] En la parte final de este *Sinonimero* aparece un "Diccionario breve de sinónimos".

Ejercicios

Sugerencia práctica:
los ejercicios se plantean en forma de
acertijos. Te proponemos que al
resolverlos uses lápiz para que
alguien más, en un futuro, pueda
usar el Sinonimero.

Conéctalos con sus sinónimos

El reino animal

En las ilustraciones
que siguen aparecen
muchos animales y
muchos nombres.
Une con una línea a
lápiz cada nombre de
animal con la figura
que lo representa. Si
uniste varios vocablos
con la misma figura,
es que son sinónimos.

Animales caseros

cachorro

perro

can

loro

chucho

bicho

perico

morrongo

cotorro

minino

micho

SOLUCIÓN | gato (Ilust.): gato, minino, morrongo, bicho, micho / loro (Ilust.): loro, perico, cotorro / perro (Ilust.): perro, can, cachorro, chucho.

27

Animales de granja o rancho

pavo

caballo

corcel

bridón

potro

cordero

cerdo

chompipe

cabalgadura

jumento

puerco

guajolote

borrego

burro

totol

pollino

cuino

pípilo

asno

cochino

oveja

borrico

marrano

carnero

guajolote, pavo, totol, pipilo, jolote.

(Ilust.): caballo, corcel, cabalgadura, potro, bridón / cerdo (Ilust.): cerdo, cochino, marrano, puerco, cuino / guajolote

ollabac / onillod ,ociorrob ,otnemuj ,onsa ,orrub :(.tsulI) orrub / ajevo ,orenrac ,oredroc ,ogerrob :(.tsulI) ogerrob | **SOLUCIÓN**

29

Animales de monte y selva

mico

autillo

mochuelo

yacaré

conejo   liebre

chango

primate

simio

mono

30

víbora

serpiente

cocodrilo

búho

gazapo

tecolote

lechuza

caimán

culebra

lagarto

Animales del bosque y otros

chupaflor

plantígrado

mantis

ciervo

santateresa

venado

catarina

chuparrosa

oso

colibrí

campamocha

chupamirto

mariquita

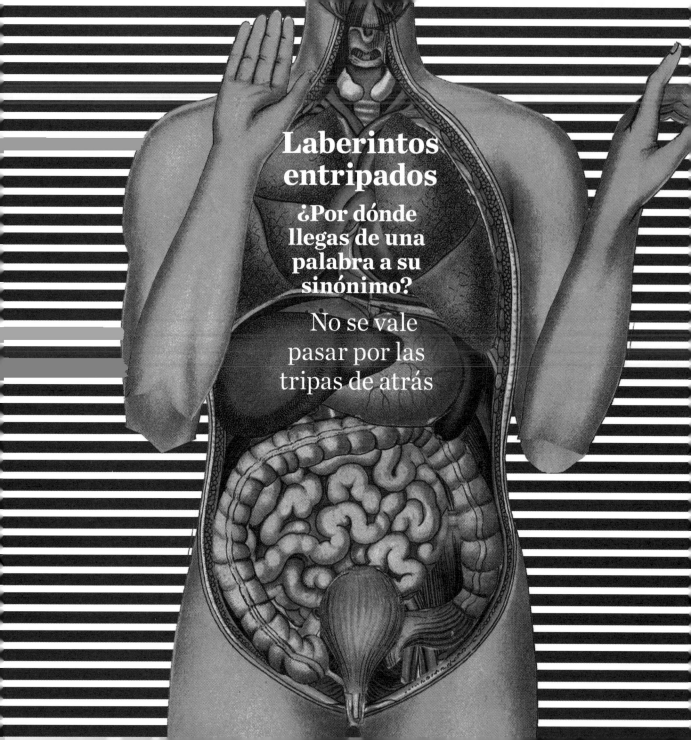

Laberintos entripados

¿Por dónde llegas de una palabra a su sinónimo?

No se vale
pasar por las
tripas de atrás

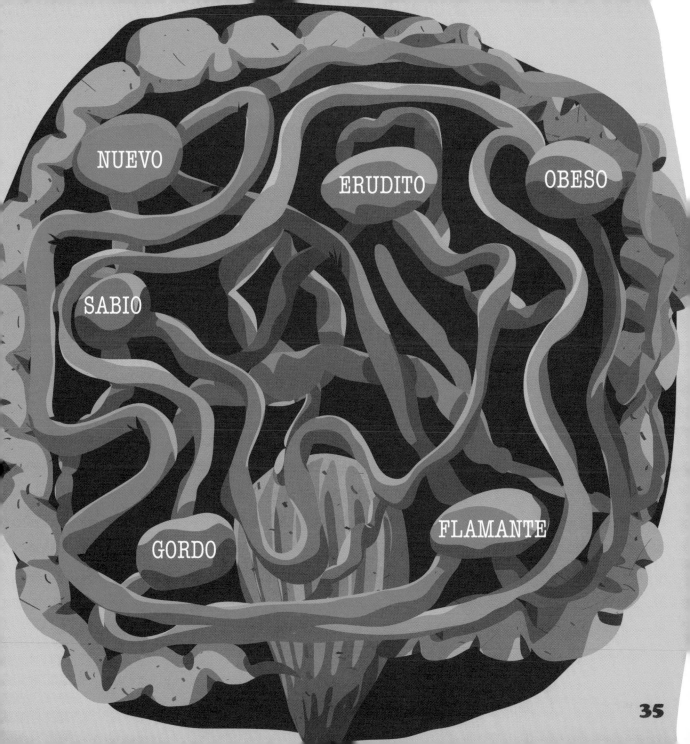

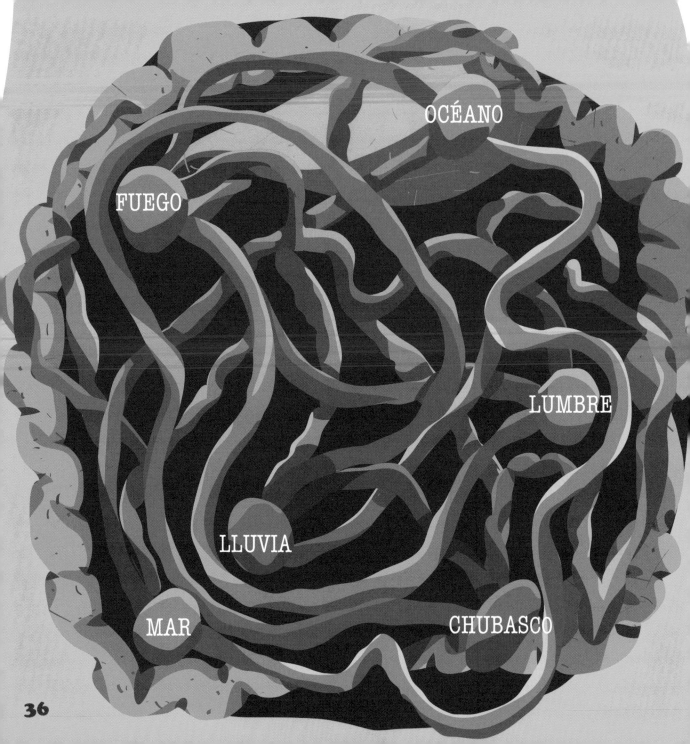

OCÉANO

FUEGO

LUMBRE

LLUVIA

MAR

CHUBASCO

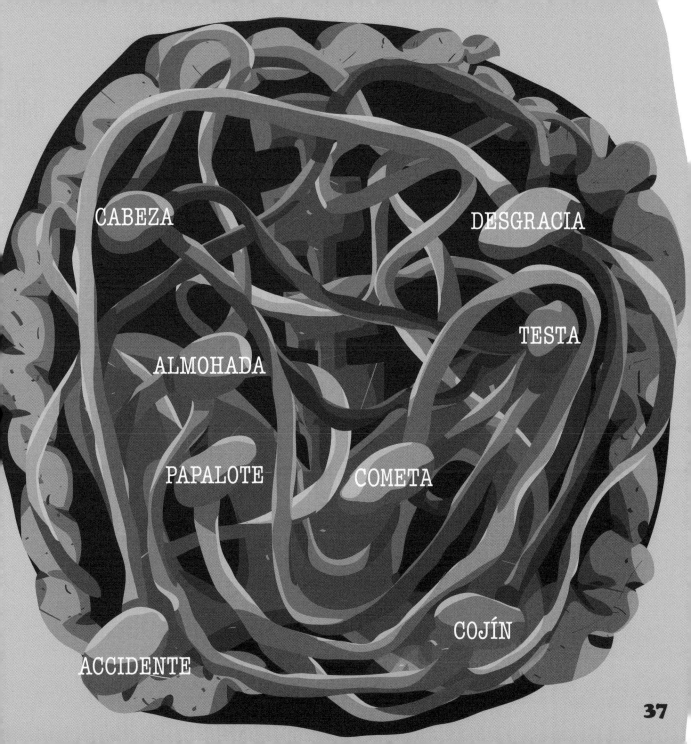

37

A la caza de sinónimos (relatos)

Sancho Panza, personaje de Don Quijote de la Mancha

Uno de los más famosos escritores de todos los tiempos es, sin duda, don Miguel de Cervantes Saavedra. Él escribió la célebre novela *El ingenioso hidalgo Don Quijote de la Mancha*. Su protagonista es Don Quijote, un enjuto caballero que va por el mundo, según él, resolviendo problemas y luchando por la justicia; "desfaciendo entuertos", por usar sus propias palabras. Su eterno compañero de aventuras es Sancho Panza, un rústico y gordo labriego, que va por los caminos montado en un burro llamado *Rucio*.

En el siguiente párrafo se habla de los personajes de ese famoso libro para que comprendas mejor el sentido de los *sinónimos*.

Repetición de vocablos

Sancho, después de cabalgar en su burro y al lado de su amo muchas horas, iba cansado. Al ver que don Quijote se apeaba, libraba a su montura de la silla y se disponía a reposar, él, muy gustoso, hizo lo mismo, y amarró al burro en un arbusto. Enseguida se echó a dormir y el burro se puso a comer pastura. Pasó un buen rato, y el burro, quizá de satisfacción, comenzó a lanzar unos sonoros rebuznos que despertaron a su amo Sancho.

En el pequeño párrafo anterior se usa la palabra burro en repetidas ocasiones (cuatro en total). Esta repetición hace chocante y monótona la lectura. Tal párrafo ganaría en belleza literaria si se sustituyera una que otra vez dicho vocablo por algún sinónimo. Por ejemplo, podría decirse:

Sancho, después de cabalgar en su burro y al lado de su amo muchas horas, iba cansado. Al ver que don Quijote se apeaba, libraba a su montura de la silla y se disponía a reposar; él, muy gustoso, hizo lo mismo, y amarró al jumento en un arbusto. En seguida se echó a dormir y el asno se puso a comer pastura. Pasó un buen rato, y el animal, quizá de satisfacción, comenzó a lanzar unos sonoros rebuznos que despertaron a su amo Sancho.

La última palabra que se usó para sustituir al vocablo *burro,* fue *animal,* que estrictamente no es sinónimo de *burro,* pero en esta ocasión viene a ser algo similar porque se sobreentiende que se refiere al mismo sujeto.

A la caza de sinónimos

En las pequeñas narraciones que siguen, subraya los sinónimos de la palabra del principio indicada en **anaranjado** (incluyendo la propia palabra). Si te surge alguna duda, puedes consultar el diccionario que está al final del *Sinonimero*. Recuerda subrayar con lápiz para que otra persona, después de borrar, pueda en el futuro usar este libro.

Ejemplo:

El gato Pepino
Gato

A Pablo le dieron un <u>gato</u>. Él le puso Pepino. Cuando se lo dieron era un <u>bichito</u> esponjado, gris, con los ojos azules. Un <u>minino</u> juguetón que se mojaba de leche los bigotes y luego se sentaba a limpiárselos con la pata, que a su vez lamía. Pepino fue creciendo y ahora es un <u>morrongo</u> grandote; ya no cabe en la cestita, su primera cuna; prefiere acomodarse en una silla del comedor. Si Pablo lo llama: "<u>Micho</u>, <u>micho</u>, <u>micho</u>", se despereza y viene a tallar su cuerpo, tibio y elástico, en las piernas del niño. Pepino es un <u>gato</u> feliz.

Solución: gato, bichito, minino, morrongo, micho.

Otro ejemplo:

¡Esa indecisión!
Ropa

Mi hermana Lola es algo indecisa y vanidosa. Cuando va a salir de paseo escoge su mejor <u>vestimenta</u>, se la pone, se ve en el espejo y empieza a dudar... se cambia la <u>indumentaria</u> y se vuelve a ver al espejo. Duda, y me pregunta entonces: "¿Me queda bien esta <u>ropa</u>?" Yo le contesto (para darle ánimos): "¡Claro, cualquier <u>prenda</u> te queda bien porque estás muy guapa!" Y ella dice: "Tú nada más me das por mi lado y ni te fijas en mi <u>atuendo</u>".

Después de una media hora, ya se decide por algún <u>vestido</u>.

Solución: vestimenta, indumentaria, ropa, prenda, atuendo, vestido.

En las pequeñas narraciones que siguen te toca a ti subrayar los sinónimos de la palabra en anaranjado.

El metro
Pobres

Cuando aborda uno el metro ve mucha pobreza. Aparte de los múltiples vendedores de chucherías, observamos que desafortunadamente hay necesitados que piden dinero, menesterosos, mendigos, pobres.

Mi perro Sultán
Perro

Cuando mi perro era cachorro tenía cinco hermanitos. Cinco gozques traviesos; si uno se paraba cerca de ellos, los chuchitos venían a lamerle el borde del pantalón. Los canes pequeños son así, torpes y juguetones. Al Sultán me lo regalaron chiquito y ahora es un mastín que da miedo. Bueno, a mí no porque soy su amo. Él es mi fiel guardián.

Solución: necesitados, menesterosos, mendigos, pobres.

Solución: perro, cachorro, gozques, chuchitos, canes, mastín.

Grutas de Cacahuamilpa
Amanecer

Como íbamos a salir de excursión, nos citaron en la escuela no a las ocho como siempre, sino ¡a las seis! Uy, a las seis, o sea, al amanecer. De madrugada. Qué sueño, levantarse al alba. Pero con tal de conocer las Grutas de Cacahuamilpa valió la pena.

Solución: amanecer, madrugada, alba.

Anita, festejada
Feliz

—Estoy feliz porque es mi cumpleaños —dijo muy ufana Anita—. Siempre que se acerca ese día empiezo a ponerme contenta, alegre de esperar la fiesta que mi mamá me prepara. Y cuando llega el día, como hoy, y vienen mis amigos, no hay niña más dichosa que yo.

Solución: feliz, ufana, contenta, alegre, dichosa.

Visita al museo
Desierto

Todos se fueron en el camión escolar. No vieron que yo faltaba. Cuando vine a ver, el museo estaba desierto. Antes lleno de niños y sus instructores, y ahora desolado. Quería llorar, pero para qué si no había nadie que me oyera en ese paraje aislado, solitario. Pero mi amigo Casimiro notó mi ausencia, y gritó, dicen: "¡Pare, chofer, falta mi amigo Julio!". Regresaron por mí. ¡Uf!

Solución: desierto, desolado, aislado, solitario.

Se acabaron las vacaciones
Tristeza

Se acabaron las vacaciones, tan bonitas. Qué tristeza, qué pena. —¿Por qué esa cara de pesar? —me dicen. —Ya vendrá otro período escolar, otro descanso. —Sí, es verdad —respondo. En vez de sentir dolor por lo pasado, hay que pensar con alegría en la vuelta a clases, en compartir con los amigos las tareas, en adquirir nuevos conocimientos, en fin.

Solución: tristeza, pena, pesar, dolor.

Niños de la calle
Casa

En la ciudad de México hay niños que viven en la calle, pues no tienen casa ni un lugar donde dormir bajo techo, una vivienda, un hogar. Como no viven con su familia natural, se juntan con otros niños que tampoco tienen una morada fija donde pernoctar y todos ellos forman una familia.

Solución: casa, vivienda, hogar, morada.

Circo de asfalto
Pequeños

En los cruceros, es decir, en donde hay semáforos, vemos a veces niños muy chicos haciendo piruetas para ganarse algunos centavos. Conmueve verlos tan pequeños y con esa necesidad de trabajar; y todavía hay niños y niñas de plano diminutos vendiendo dulces a los choferes.

Solución: pequeños, chicos, diminutos.

Manuel, enamorado
Belleza

Creo que mi hermano Manuel
está enamorado. Ayer dijo que
conoció a una tal Margarita que
era una belleza, una lindura, una
preciosidad... Hoy vino muy contento
porque platicó con Margarita.
Dijo que era una beldad, una guapura,
un primor... hasta parece que está
practicando los sinónimos que le
enseñaron en su clase de español.

De miedo
Miedo

Rosita y su hermano Valente
platicaban una noche silenciosa.
—Los perros me dan miedo –dijo muy
sincera Rosita–, porque muerden; los
changos me dan horror, porque son
peludos y gritan; pero los fantasmas...
ésos me dan terror, les tengo pavor,
¡pánico, pues!
—Miedo tenles a los cocodrilos
–repuso muy seguro Valente–, los
fantasmas ni existen... Ay, ay, ay,
¿viste cómo se movió la lámpara?
¡En la torre!... ¡Mamá!
—No seas miedoso, fue el gato
que la rozó.

La rosca más grande del mundo
Comida

En la ciudad de México se elaboró (entre muchísimos cocineros) la Rosca de Reyes más grande del mundo. Con ella se pudieron repartir trescientas mil raciones de alimento, las cuales desaparecieron en poco más de una hora. Estas porciones de comida estaban constituidas por un trozo del gigantesco pan y un cuarto de litro de leche. Miles de personas acudieron al Zócalo, lugar del acontecimiento, desde hora temprana, para tener la posibilidad de disfrutar del comestible que se ofrecía gratuitamente. Algunos *listos* llevaron bolsas de mandado en las que cargaron hasta veinticuatro porciones de la rosca, que luego vendieron a dos pesos cada una a los visitantes. Algunos niños de la calle pelearon por una ración del codiciado sustento.
Por alguna razón, esto me recuerda el refrán que dice:
"Al pueblo, pan y circo".

Solución: alimento, comida, comestible, sustento, pan.

El misterio de la mermelada
Duende

—Paquito, ¿quién se comió la mermelada?
—No sé, mamá.
—¡¿No sabes?!... ¿Acaso sería el duende?... Si sólo estamos tú y yo.
—Mamá, qué es duende.
—Un duende es un nomo.
—Y qué es nomo.
—Nomo es un geniecillo, un enano, y no me cambies la plática, ya veo que tienes mermelada en la nariz.

En la Central de Abasto
Envoltorio

—¿Me ayuda con este fardo, joven?
—¿Este saco, señora?
—Sí, sí, ese paquete verde atado con cordel.
—Si ni pesa el gran bulto...
—Ay, es que el cordel me roza las manos, y las tengo tan delicadas...
—(Paquete es el que se da esta vieja...)

Solución: envoltorio, fardo, saco, paquete, bulto.

Solución: duende, nomo, geniecillo, enano.

Apreturas en el metro
Prensar

—Estoy asombrado de lo que pasa en el D.F.: ayer en el metro subió tanta gente que nos empezamos a apretujar como sardinas, parecía que nos quisieran exprimir; quise salir en la estación Pino Suárez y no pude, me llevaron hasta el Zócalo.

—Tal aglomeración, a cualquiera lo puede impactar.

—Más bien lo puede compactar.

Marco pulido para la novia
Pulido

—Maestro, le encargo un marco de cedro para este hermoso retrato; lo quiero muy bien lijado, porque es para regalárselo a mi novia.

—No hay cuidado, se lo haré bruñido, terso como un espejo. Eso sí, le costará un poco caro.

—¡Ah caray!... Bueno, maestro, pensándolo bien, aunque no sea tan lustroso.

Solución: apretujar, exprimir, compactar.

Solución: pulido, lijado, bruñido, terso, lustroso.

48

Quesos olorosos
Tonto

Robertito ayer tiró un queso que estaba en el refrigerador porque
lo vio con hongos y sintió que olía feo.
El tío Lalo se molestó con él y lo regañó:
—Eres un zonzo, un torpe, un pasmado —le dijo—. Ese queso así
huele. Es que es muy fino y mientras más fuerte huela, es mejor.
Después llegó la tía Lola y dijo:
—No se vayan a comer el queso que está en el refrigerador, pues
me dijo doña Gertrudis, la vecina de enfrente, que unos quesos
que vendió don Patricio en su tienda están malos, que se echan a
perder muy pronto, y que si se comen hacen mucho daño y pueden
hasta intoxicar. El tío Lalo preguntó: —¿Que el que estaba en el
refri no era queso roquefort?
A lo que la tía Lola respondió: —No, era un queso que compré
en la tienda de don Patricio.
Entonces Robertito pensó: "El zonzo y pasmado es mi tío Lalo
y, además, es un tonto y un papanatas".

Solución: zonzo, torpe, pasmado, tonto, papanatas.

49

Historias de aparecidos
Aparecidos

Mi abuelo contaba historias de aparecidos. Eran como fantasmas que veía por la noche allá en su rancho, y mi abuela decía que eran espectros de sus antepasados muertos. Pues serán aparecidos, fantasmas o espectros, yo digo que son visiones.

¡Hay cada latoso...!
Latoso

Carmelita estaba tan enojada con su hermano Pepe, quien tanto la molestaba, que le dijo: "Eres un latoso, fastidioso, pesado, molesto, chinche, encajoso..." Y no le dijo más porque no encontró otros sinónimos.

Corazonada
Presentimiento

—Ya sabía que me iba a ir mal en el examen: tuve ese presentimiento desde que me levanté por la mañana. Se me cayó el salero y se quebró, y me dije: "Es un mal presagio". Y pues sucedió, me reprobaron... A veces uno anticipa las cosas, tiene una premonición.
—Qué premonición ni qué nada... Si en vez de irte al cine hubieras estudiado...

CRUSINONIMOGRAMAS

Coloca en el dibujo los sinónimos de las palabras indicadas.

Horizontales

1 Camión

3 Tren

4 Automóvil

Verticales

1 Avión

2 Buque

Horizontales

1 Minino
2 Chicharra
3 Corcel
6 Cerdo
7 Can

Verticales

1 Pavo
4 Asno
5 Tecolote

Horizontales

3 Lagartija
5 Loro
7 Chango
8 Gazapo
9 Pato

Verticales

1 Colibrí
2 Mantis
4 Víbora
6 Gazapos

54

Horizontales

1 Delgado
3 Camello
5 Aparición
8 Ahora
9 Desayuno

Verticales

2 Arreglar
4 Quieres
5 Fin
6 Caminar
7 Tanto

55

Horizontales

3 Banqueta
5 Bebé
7 País
10 Baraja
11 Ranchero

Verticales

1 Noche
2 Agradable (femenino)
4 Amigo
6 Nomo
8 Viejo
9 Escuchar

Horizontales

3 Mono
4 Comida
8 Barco
9 Alumbraré
10 Alumno

Verticales

1 Alma
2 Almohada
5 Alto
6 Intentar
7 Baúl
11 Lecho

SEÑALA AL INTRUSO
¿Cuál no es sinónimo?

Todos los elementos de cada uno de los siguientes renglones son sinónimos excepto uno. ¿Qué término no es sinónimo de los demás?

1. caballo bridón pollino montura equino

2. holgazán flojo haragán obeso perezoso

3. fuego glacial lumbre hogar combustión

4. parte pedazo trozo fragmento sección vínculo

5. desenlace pasado antes ayer remoto

6. producir crear fabricar rubricar engendrar

7. rápido ligero raudo próximo veloz acelerado

8. enojo conducta rabieta enfado inquina

9. lluvia chaparrón chipichipi cordillera aguacero

10. aborrecer mentir engañar falsear calumniar

11. malo perverso recio infame malévolo

12. clan borceguí zapato calzado chanclo

13. verdadero auténtico remoto fidedigno cierto

14. guajolote plantígrado pavo totol jolote pípilo cócono

15. cabeza testa cholla sesera urbe

16. ermita hospital clínica sanatorio nosocomio

SINÓNIMOS ESCONDIDOS

Encuentra dos palabras que puedas usar para nombrar a cada uno de los objetos o cosas dibujadas abajo (localiza seis en total). Márcalos en el cuadro (observa el ejemplo). Pueden estar escritos de izquierda a derecha o de derecha a izquierda.

S	W	P	A	R	A	S	O	L	Ñ	E	T
B	T	C	N	E	F	U	L	R	U	C	W
G	E	X	V	D	E	D	Z	H	K	I	A
Q	M	R	S	I	G	L	E	S	I	A	M
A	K	A	L	J	Y	I	D	Q	I	N	P
H	M	F	G	E	C	I	N	W	P	Z	O
Z	A	L	L	I	R	B	M	O	S	U	V
L	X	H	S	O	J	O	E	T	N	A	G
Y	P	L	J	M	O	B	Ñ	O	X	E	F
V	A	E	K	C	Ñ	H	J	P	Q	R	D
T	A	S	U	P	B	S	T	U	G	Q	E
G	A	F	A	S	O	L	P	M	E	T	X

D R A K C P E D W B I T A
V L E Ñ E G Q A D E N O M
I N U L Y A C A R E B J L
R W F G R U V O D C X E M
D I N E R O T S C A G S A
E T Ñ U Y V Z U I P M N R
O F A R E D N A B L Ñ Y Q
T S F E Q R G T E H J K Z
N O D N E P M R I P U W O
U T X S D E R O L M C X I
V R A J I K C U H O P E B
I Y C O C O D R I L O Z A

Encuentra un sinónimo de cada una de las palabras siguientes:

RÁPIDO
CABEZA
OSCURO
NIÑO
PALABRA
AMANECER
ENEMIGO
ASAR

Márcalos en el siguiente cuadro, como muestra el ejemplo.
Pueden aparecer horizontalmente de izquierda a derecha o de derecha a izquierda, o bien, verticalmente de arriba hacia abajo o de abajo hacia arriba.

B U J F W E M T A V B D
A T S E T J H S D G O F
N C Y J C Z E K A C F M
E R V T O S T A R W I N
T E N E B R O S O M H J
N M R L S G L R B U N A
E N A V T K B Q L P M K
N C H I L P A Y A T E L
O L K H C J C D K G L C
P X M I F D O X A E Ñ P
O Y H L G L (V E L O Z) T
D C E Z N U K G D B H J

63

Diccionario breve de sinónimos

Abreviaturas y colores usados en el diccionario

Las palabras en **rojo** son voces coloquiales o regionalismos.

(Fig.) En sentido figurado.

(Amér.) Vocablo usado principalmente en América.

(Náh.) Palabra derivada del idioma náhuatl (palabras en verde).[2]

(Méx.) Término usado principalmente en México.

V. Ver también la palabra junto a la que aparece.

V. E. Ver ejemplos en la sección correspondiente.

---

[2] Después del "Diccionario breve de sinónimos" se incluye una relación de estas voces, con indicación de raíz, significado y algunas explicaciones sobre las mismas.

ALIENTO

accidente. desgracia, percance, catástrofe, peripecia.

actuar. ejecutar, obrar, hacer, proceder, funcionar // representar.

adentro. dentro, en.

adiós. hasta luego, hasta la vista, **abur**, **agur**, nos vemos.

admitir. aceptar, tolerar, permitir, consentir, reconocer.

afortunado. venturoso, dichoso, bienaventurado, agraciado.

agradable. grato, ameno, simpático, amable // placentero, sabroso, delicioso.

agarrar. asir, **V.** coger, sujetar, atrapar.

agudo. afilado, puntiagudo, punzante, picudo // inteligente, perspicaz, ingenioso, penetrante // alto (*en música*). **V. E.**

aguinaldo. gratificación, regalo.

ahora. hoy, actualmente, en este mismo instante.

aire. atmósfera, viento, oxígeno.

alarma. sobresalto, inquietud, preocupación, espanto.

algo. poco, escaso, algún.

alguno. alguien.

alegre. contento, feliz, gozoso, eufórico, animado, regocijado.

aliento. soplo, hálito, respiración, resuello // estímulo, impulso, ánimo.

alimento. comida, sustento, pan, comestible, manutención.

alimentar. nutrir, mantener.

allá. allí, más lejos // al otro lado.

alma. ánima, espíritu, presencia, aliento.

almohada. cojín, almohadón.

alrededor. en torno a, rodeando a, a la redonda.

alto. elevado, crecido, grande.

alumbrar. iluminar, aclarar.

alumno. discípulo, estudiante.

alzar-se. V. levantar, izar, elevar, subir // insurreccionarse, sublevarse, amotinarse, insubordinarse.

amable. gentil, afable, afectuoso, atento, cordial, cortés.

amanecer. alba, alborada, madrugada, aurora, temprano // clarear **V. E.**

amar. querer, adorar, apreciar, estimar, apasionarse.

amigo. camarada, compañero, **cuate** (*Náh.*), **mano**, **manito**.

ánade. pato.

anillo. sortija, argolla.

animal. bestia, bruto, alimaña, fiera, bicho.

antes. anteriormente, primero // tiempo atrás, hace tiempo.

años. abriles, navidades, primaveras.

apagar. extinguir, sofocar, oscurecer.

aparecer. surgir, brotar, manifestarse, mostrarse, exhibirse.

aparición. fantasma, espectro, visión, aparecido.

apreciar. querer, estimar, amar // valorar, valuar, evaluar, calificar, estimar // distinguir.

aprender. estudiar, educarse, instruirse, ilustrarse, entender.

aprobación. consentimiento, aceptación, beneplácito, visto bueno.

aquel. ese.

aquí. acá.

área. superficie, terreno, extensión, espacio, zona, campo.

arreglar. componer, reparar, reformar, adecuar.

arriba. encima // en lo alto.

arrojar. lanzar, aventar, disparar, tirar, echar, proyectar.

asar. tostar, dorar, achicharrar.

asilo. V. refugio, amparo, albergue, hospicio, puerto, buen puerto.

asno. V. burro, jumento.

atacar. acometer, arremeter, asaltar.

atar. amarrar, ligar, liar.

atención. cuidado // ojo, ojo avizor.

atrás. a espaldas, detrás // a la zaga.

autobús. camión.

austero. V. severo, riguroso, duro, serio, adusto, estricto // sencillo (*referido a objetos*).

avaro. tacaño, ahorrativo, codicioso, codo, avaricioso, avariento, agarrado, mezquino, miserable, usurero.

avión. aeroplano, aeronave.

ayudar. auxiliar, asistir, socorrer, colaborar, contribuir, cooperar, coadyuvar.

BAILE

bailar. danzar, valsar, zapatear.

bajar. descender // reducir, decrecer, rebajar, disminuir, decaer.

bandera. pendón, lábaro, emblema, blasón, pabellón, estandarte, enseña, insignia.

banqueta. acera.

baraja. naipe, carta.

barco. buque, navío, bajel, nao, bote, embarcación, velero.

baúl. cofre, arca, arcón.

bebé. nene, rorro, **chilpayate** *(Náh.)*, **pichi** *(en Chiapas)*, **pichito** *(en Chiapas)*.

beber. tomar, libar, ingerir, sorber.

belleza. lindura, preciosidad, preciosura, hermosura, beldad, guapura, primor.

bien. correctamente, felizmente // don, favor, merced, beneficio, donación, regalo // muy // propiedad, posesión, objeto propio, **V.** bienes, **V. E.**

bienes. pertenencias, posesiones, propiedades, fortuna, capital, recursos, patrimonio.

bigote. mostacho.

boda. casamiento, matrimonio, himeneo, nupcias, esponsales.

bolsa. alforja, saco, morral, mochila, talega, zurrón.

bonito. bello, hermoso, gracioso, encantador.

borracho. ebrio, beodo, bebido, tomado, achispado, alcohólico, **bolo** *(en Chiapas)*.

borrego. cordero, carnero, oveja.

brillo. lustre, fulgor, resplandor, fosforescencia, refulgencia.

bueno. bondadoso, caritativo, bienhechor // sano, provechoso, saludable, conveniente, benéfico // sabroso, rico, agradable.

búho. **tecolote** *(Náh.)*, mochuelo, lechuza, autillo, oto.

buque. V. barco, embarcación, navío.

burro. asno, jumento, borrico, pollino.

CAJA

caballo. corcel, cabalgadura, jamelgo, rocín, montura, potro, penco, bridón, palafrén.

cabello. V. pelo, cabellera.

cabeza. testa, casco, sesera, **cholla**, **coco**, testuz, mollera.

caer-se. desplomar-se, rodar, descender, derrumbar-se // disminuir.

caja. cajón, estuche, urna // ataúd, féretro.

calle. vía, arteria, avenida, calzada.

caliente. cálido, caluroso, ardiente, candente, ígneo.

calmar-se. tranquilizar-se, pacificar, serenar-se.

cama. V. lecho, tálamo, litera, catre, camastro.

cambiar. trocar, mudar, canjear, permutar, reemplazar.

camello. dromedario *(el camello tiene dos jorobas y el dromedario solo una)*.

caminar. andar, transitar, marchar.

camino. vía, senda, sendero, vereda, carretera.

camión. autobús.

campamocha *(Náh.)*. mantis, mantis religiosa, santateresa, rezandera.

campo. agro, campiña, pradera, prado // área, materia, terreno.

camposanto. panteón, cementerio.

can. V. perro.

cara. faz, rostro, efigie, semblante, aspecto // lado, superficie, faceta, frente, fachada, haz.

cárcel. prisión, penal, penitenciaría, correccional, calabozo, mazmorra, **bote**, **tambo**.

carrusel. tiovivo, caballitos.

carta. misiva, epístola, correspondencia // mapa, plano, pliego // baraja, naipe // menú **V. E.**

casa. hogar, morada, vivienda, mansión, residencia, **chante** *(Náh.)*, domicilio.

casamiento. boda, matrimonio, himeneo, casorio, nupcias.

cascada. caída, catarata, salto // quebrantada, hendida, rajada.

castigo. sanción, penitencia, pena, penalidad, merecido.

casualidad. coincidencia, eventualidad, suerte, chiripa, chiripazo, acaso, azar.

catarina. mariquita.

causa. origen, principio, razón, motivo, génesis.

cena. merienda.

cerdo. cochino (Náh.), marrano, puerco, chancho (Amér.), cuino (Náh.), cochi (Náh.).

ciego. invidente // obstruido, taponado.

cielo. éter, techo, firmamento, bóveda celeste // gloria, paraíso, edén, olimpo, empíreo.

cien. ciento, centena, centuria.

cierto. verdadero, certero, indudable.

cigarra. chicharra, chiquirín (Amér.).

cita. compromiso, emplazamiento // referencia, nota, alusión.

ciudad. urbe, metrópoli, villa.

claro. alumbrado, iluminado, límpido, cristalino // despejado.

clase. lección, cátedra // género, especie, orden, tipo // alcurnia, abolengo, aristocracia.

cobarde. pusilánime, temeroso, gallina, miedoso, medroso, aprensivo, follón.

cobija. frazada, **V.** colcha.

cocinar. guisar, aderezar, adobar.

cocodrilo. lagarto, caimán, yacaré.

cocol (Náh.)**.** rombo.

coche. carro, auto, automóvil, vehículo.

cofre. baúl, arca, arcón.

coger. asir, tomar, agarrar // aprehender, atrapar, apresar.

cola. rabo // fila, hilera // pegamento, goma, pegadura.

colcha. sobrecama, edredón.

colibrí. chupamirto, chuparrosa, chupaflor, picaflor.

comenzar. V. empezar, principiar, abordar, entablar, iniciar.

comer. ingerir, engullir, devorar, atiborrarse, yantar.

comida. V. alimento, sustento, pan, refrigerio, tentempié, bocadillo, comilona, festín, banquete.

compañía. comitiva, séquito, corte, cortejo // empresa, **V.** negocio.

completo. íntegro, intacto, **V.** todo, **V.** lleno.

comprar. mercar, adquirir.

comprobar. confirmar, verificar, asegurarse, cerciorarse, cotejar, constatar.

conducir. manejar, guiar, dirigir, gobernar, administrar.

conejo. gazapo, liebre.

conocer. saber, comprender, entender, percatarse.

contar. computar, numerar, contabilizar // narrar, relatar, referir **V. E.**

corcel. V. caballo, cabalgadura.

cortar. partir, trozar, fragmentar, cercenar // abreviar **V. E.**

corto. breve, bajo, pequeño, escaso, sucinto.

cosa. objeto, ente.

cuadro. pintura, marco, lámina, lienzo // cuadrado.

cuate *(Náh.)*. **V.** amigo // gemelo

cuento. relato, narración, fábula // **V.** mentira, chisme, hablilla, enredo, lío // narro, relato **V. E.**

cuidado. esmero, diligencia, atención, solicitud, mimo.

cumpleaños. aniversario, onomástica.

CH
CHUECO

chango *(Méx.)*. **V.** mono, mico, simio, macaco.

chico. V. pequeño, diminuto.

chicharra. cigarra, **chiquirín** *(Náh.)*.

chivo. cabra.

chongo *(Náh.)*. molote (o monote).

chueco. torcido, ladeado, defectuoso, incorrecto // tramposo, ilegal.

DELGADO

dañar. perjudicar, estropear, deteriorar, damnificar, malear, arruinar.

dar. donar, otorgar, obsequiar, regalar, ceder, entregar, proporcionar.

debajo. abajo, bajo.

decir. expresar, manifestar, comunicar, participar, hablar, informar, anunciar.

decisión. resolución, determinación, sentencia, fallo.

definitivo. decisivo, resolutivo, concluyente, indiscutible, terminante.

delgado. angosto, fino // flaco, enjuto, esmirriado, escuálido, afilado, **entelerido**.

dentro. adentro, en el interior.

departamento. habitación, oficina, apartamento, apartamiento.

derecho. V. recto, directo // diestro // recto, correcto, justo, equitativo, honesto, sincero.

desayuno. almuerzo.

descansar. reposar, dormir, yacer.

desear. querer, anhelar, ansiar, apetecer, pretender, ambicionar.

desierto. deshabitado, desolado, solitario, despoblado, aislado, desértico.

después. V. luego, en seguida, más tarde, seguidamente, posteriormente, a continuación.

destino. sino, hado, fortuna, suerte, azar, providencia // dirección, fin.

detrás. V. atrás.

diálogo. plática, coloquio, charla, conversación, **conversa**.

diez. decena, decenio.

diferencia. disparidad, diversidad, discrepancia, divergencia // resta.

dinero. moneda, efectivo, caudal, **lana** *(Méx.)*, **plata** *(Amér.)*, oro, riqueza, billete, paga, pecunia, peculio.

dirigir-se. conducir, mandar, guiar, regir, administrar // encaminarse, trasladarse, orientarse // apuntar.

disfrutar. gozar, regocijar, divertirse, alegrarse.

disparar. lanzar, tirar, arrojar, descargar, despedir.

divertido. alegre, festivo, entretenido, animado.

diversión. distracción, esparcimiento, recreación, solaz, recreo, juego, jolgorio, juerga.

dividir. fraccionar, seccionar, fragmentar, separar, escindir // repartir, distribuir.

doctor. docto, sapiente, catedrático // médico, cirujano, facultativo.

duende. nomo (o gnomo), genio, geniecillo, enano, trasgo.

dulce. golosina, **chuchuluco** *(Náh.)*, caramelo, bombón // azucarado, dulzón // suave, bondadoso, tierno, afable.

ESCUCHAR

edificio. edificación, construcción, inmueble.

elección. selección, designación, opción, preferencia.

empezar. comenzar, iniciar, inaugurar, principiar, abordar, entablar.

encontrar. hallar, descubrir, localizar, ubicar.

enemigo. adversario, rival, oponente, contrario.

enojar. enfadar, airar, enfurruñar, contrariar, enfurecer, irritar, incomodar, disgustar.

enojo. encono, inquina, rabieta, enfado, respingo.

entender. comprender, concebir, interpretar, inferir, saber, conocer, discernir.

entero. completo, cabal, íntegro.

entrar. meterse, ingresar, pasar, penetrar, introducirse.

entristecer. apenar, acongojar, afligir, apesarar, atribular, contristar.

enviar. mandar, transmitir, remitir.

equivocado. errado, desacertado, confundido, engañado.

error. equivocación, **V.** falla, yerro, desatino, desacierto, errata, gazapo.

escuchar. oír, atender.

escuela. colegio, academia, instituto, liceo, seminario, conservatorio.

espalda. lomo, dorso, envés, espinazo.

especial. peculiar, singular, raro, sui géneris, particular, extraordinario, único // adecuado.

esperar. aguardar, acechar // confiar, creer, desear, anhelar.

esposa. mujer, compañera, costilla.

esposo. marido, compañero.

esposo/a. cónyuge, consorte, pareja, media naranja.

espurio. falso, adulterado.

estar. permanecer, existir, hallarse, encontrarse.

eterno. perpetuo, sempiterno, constante, inmortal, imperecedero, interminable.

evidencia. prueba, certeza, convicción.

evidente. V. obvio, manifiesto, cierto, claro, innegable, indudable.

exacto. justo, preciso, estricto, cabal, puntual.

excusa. pretexto, evasiva, subterfugio, disculpa.

existir. ser, vivir, estar.

experiencia. práctica, costumbre, empirismo, conocimiento, fogueo.

explicar. aclarar, exponer, justificar, interpretar.

FUEGO

fácil. sencillo, simple, elemental, cómodo, claro.

falta. tacha, culpa, delito, infracción // carencia, escasez **V. E.**

falla. error, yerro, desliz, errata, gazapo, metida de pata, imperfección.

fallecer. V. morir-se, expirar, fenecer.

fama. celebridad, reputación, notoriedad, gloria, éxito, renombre.

familia. parentela, prosapia, casta, progenie, *(Fig.)* cepa, dinastía, linaje, estirpe, consanguinidad, ralea, ascendencia, descendencia.

farmacia. botica, droguería.

fecha. data, día, tiempo, momento, plazo.

felicidad. dicha, alegría, euforia, contento, bienestar, éxtasis.

feliz. alegre, contento, satisfecho, dichoso, ufano.

femenino. femenil, delicado.

fértil. fecundo, feraz, productivo, fructífero, ubérrimo, prolífico.

ferrocarril. tren.

fiesta. festejo, festividad, conmemoración, celebración // asueto, descanso, vacación.

fin. final, término, remate, muerte, conclusión, desenlace // límite, orilla, cola, cabo, punta // objeto, objetivo, propósito.

firmar. rubricar, signar, suscribir, aprobar, visar.

flojo. holgazán, perezoso, gandul, haragán, remolón, zángano, negligente, indolente // laxo, suelto.

foco. bombilla, lámpara, candil, farol // núcleo, origen, centro.

frágil. quebradizo, delicado, resquebrajadizo, **de mírame y no me toques**.

fraudulento. ilegítimo, **V.** espurio, falso, doloso, engañoso, falaz.

frío. aterido, helado, congelado, álgido, glacial, yerto // impasible, insensible, indiferente, inmutable, inconmovible.

fuego. lumbre, llama, ignición, hoguera, combustión, hogar, incandescencia, incendio, conflagración // pasión.

fuerte. robusto, vigoroso, recio, brioso, sólido, resistente, corpulento, fortachón, pujante, hercúleo, macizo, potente, recio // capaz, poderoso, enérgico, invencible // fortaleza, baluarte, bastión // intenso, agudo **V. E.**

fundir. licuar, derretir, amalgamar, alear, moldear, incorporar, juntar.

futuro. ulterior, venidero, próximo // porvenir, predicción, mañana, destino, perspectiva.

GAFAS

gafas. anteojos, lentes, espejuelos.

ganar. triunfar, vencer // cobrar, lucrar, enriquecerse, obtener.

ganso. oca, ánade, ánsar.

gazapo. V. conejo // **V.** error.

gato. minino, morrongo, bicho, micho.

gente. personas, individuos, sujetos, concurrencia, público, muchedumbre, turba, gentío, masa // nación, pueblo, ciudadanos.

gordo. obeso, adiposo, mofletudo, rollizo, carnoso, grueso, rechoncho, **choncho** (*Méx.*).

grande. espacioso, grandioso, colosal, enorme, holgado, vasto, extenso.

gratis. gratuitamente, **de oquis**, **de gorra**.

gripa. catarro, resfriado, gripe, influenza.

guacal (*Náh.*)**.** cajón, caja.

guacamole (*Náh.*)**.** salsa.

guajolote (*Náh.*)**.** pavo, **totol** (*Náh.*), **pípilo** (*Náh.*)**, cócono** (*Náh.*)**, jolote** (*Náh.*) (*en Chiapas*)**, chumpipe** (*Méx.*).

gustar. agradar, encantar, deleitar, cautivar, atraer // catar, paladear, probar, saborear, degustar.

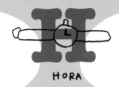

HORA

hábil. apto, competente, experto, diestro, ducho, perito, entendido.

habitación. cuarto, recámara, alcoba, pieza, aposento // domicilio, vivienda, **V.** casa, morada, residencia.

hablar. parlar, decir, expresar, conversar, exteriorizar.

hacer. manufacturar, crear, formar, engendrar, producir, armar, construir, realizar, obrar, efectuar.

hecho. suceso, acto, obra, incidente // formado, realizado, construido.

hermosura. belleza, beldad, preciosidad, primor, lindura, atractivo, guapura, galanura.

hijo. vástago, retoño, descendiente, primogénito.

historia. crónica, memorias, epopeya, relación, reseña // narración, cuento, anécdota.

hombre. varón, macho, esposo // adulto // persona, individuo, mortal, semejante, prójimo, sujeto.

honesto. probo, honrado // recatado, casto, pudoroso.

honor. honra, dignidad, pundonor, estima.

hora. tiempo, momento, instante.

hospital. nosocomio, clínica, sanatorio, dispensario.

hoy. ahora, actualmente, en este momento.

IDEA

idea. imagen, visión, representación, percepción, pensamiento, juicio, concepto, noción, reflexión.

idioma. lengua, lenguaje, habla, jerga, dialecto.

iglesia. templo, parroquia, basílica, catedral, capilla, ermita, abadía.

igual. idéntico, mismo, gemelo, par, equivalente, semejante.

imaginar-se. idear, concebir, evocar, proyectar, figurarse.

importante. trascendente, significativo, principal, fundamental, notable, valioso, esencial, vital, necesario, toral, influyente, destacado.

impuesto. tributo, gravamen, contribución // obligado, obligatorio.

indagar. investigar, averiguar, inquirir, inspeccionar, husmear.

individuo. V. persona, sujeto, ser // unidad.

intentar. procurar, pretender, probar, ensayar, experimentar, tratar, tantear.

interesante. atractivo, encantador, fascinante // importante, relevante.

invitar. convidar, ofrecer, agasajar, brindar // inducir, incitar, instigar.

ir. acudir, asistir, comparecer, visitar, concurrir // trasladarse, encaminarse, dirigirse, desplazarse.

irse. marcharse, alejarse, partir // morirse.

itacate *(Náh.)*. provisión, alimento, envoltorio // comida para llevar.

izquierda. siniestra **V. E.**

izquierdo. zurdo, siniestro.

J

jarra. jarro, jarrón, vasija, recipiente, cántaro, florero.

joven. muchacho, adolescente, imberbe, mancebo, doncel, chico, mozalbete.

juntar. unir, reunir, enlazar, agregar, añadir, empalmar, acopiar, adosar, acoplar, ligar, pegar, fusionar, aglutinar, yuxtaponer, conectar // aproximar.

justo. imparcial, recto, neutral, equitativo, incorruptible // exacto, preciso, cabal.

K

kínder *(Amér.)*. jardín de niños, guardería.

LIBÉLULA

labor. V. trabajo, quehacer, faena, tarea, actividad, ocupación, trajín.

ladear-se. inclinar-se, **enchuecar-se** *(Méx.)*.

lado. costado, ala, flanco, cara, extremo, arista, perfil // lugar, parte punto, sitio.

ladrón. ratero, bandido, bandolero, caco, carterista, salteador, cleptómano.

lagartija. cuija *(Náh.)*.

lanzar. arrojar, aventar, despedir, echar, botar, tirar, disparar, despeñar, expulsar, emitir.

largo. alargado, extenso, prolongado, interminable, luengo, longo, continuado.

latoso. molesto, fastidioso, pesado, **chinche**, encajoso.

lazo. reata, cuerda, cordón, ligamento, soga, ligadura, atadura // liga, vínculo, unión, parentesco, conexión // trampa, emboscada, ardid.

lecho. cama, tálamo, catre, litera, **V. petate** *(Náh.)* // cauce, depresión.

lentes. anteojos, gafas, espejuelos.

levantar-se. elevar, subir, izar, alzar, encaramar // construir, edificar // recoger // sublevar-se, rebelar-se, amotinar-se // perdonar // abandonar la cama.

ley. regla, reglamento, decreto, estatuto, precepto, norma, código, constitución.

libélula. caballito del diablo.

limpio. aseado, pulcro, lavado, inmaculado // inocente.

línea. raya, trazo, veta, estría, surco, tilde, guión // camino, vía, ruta, dirección // conducta, estilo // teléfono // fila, hilera, **cola**.

lío. embrollo, enredo, maraña.

lista. enumeración, relación, catálogo, índice, retahíla // raya, veta, franja, banda, cinta.

listo. inteligente, sagaz, astuto, ingenioso, despabilado, perspicaz, avispado, vivo // preparado, terminado **V. E.**

loco. demente, orate, perturbado, sicópata (o psicópata), lunático, enajenado, ido, **chiflado**, **chalado**, **tocado** // alocado, irreflexivo, insensato, disparatado.

loro. perico, cotorro.

lucha. batalla, guerra, combate, pelea, lid, lidia, riña, disputa, contienda, torneo.

luego. después, en seguida, posteriormente, seguidamente // pronto, inmediatamente, al momento, sin demora.

lugar. sitio, parte, punto, posición, espacio, zona, paraje // comarca, aldea, pueblo, ciudad.

luz. fulgor, resplandor, claridad, destello, iluminación, luminosidad, refulgencia.

LLORAR

llamar. hablar, gritar, vocear, telefonear, evocar, convocar // nombrar, decir, denominar.

llegar. arribar, venir, aparecer, irrumpir, presentarse, aterrizar // alcanzar.

lleno. completo, pleno, repleto, satisfecho, colmado, atiborrado, atestado, abarrotado.

llevar. acarrear, transportar, trasladar // conducir, guiar // vestir **V. E.**

llorar. lagrimear, gemir, chillar, sollozar, plañir, gimotear, deplorar.

lluvia. chubasco, chaparrón, aguacero, llovizna, **chipichipi**.

M

MAR

machincuepa *(Náh.)*. maroma, voltereta.

madre. mamá, progenitora, **jefa** *(Méx.)* // monja, religiosa, sor.

maestro. profesor, mentor, preceptor, catedrático // experto, hábil, perito, diestro.

malo. perverso, malvado, cruel, pérfido, malévolo, infame // enfermo, indispuesto, // perjudicial, nocivo, dañino.

manejar. manipular, conducir, operar, utilizar, maniobrar, guiar // dominar, gobernar.

manera. modo, forma, medio, método, procedimiento, .

mantis. V. campamocha *(Náh.)*, santateresa.

mañana. amanecer, alba, aurora, madrugada // después, futuro.

mar. océano // inmensidad, vastedad.

maravilloso. admirable, prodigioso, asombroso, extraordinario, fantástico.

marido. V. esposo, cónyuge, consorte.

masculino. varonil, viril, macho.

mecate *(Náh.)*. lazo.

medio. mitad, centro, núcleo // modo, **V.** manera, método, forma // vehículo.

mencionar. aludir, citar, decir, referirse, nombrar.

menor. pequeño, reducido, mínimo // niño, impúber, adolescente.

mensaje. recado, misiva, aviso, carta, nota, comunicación.

mentir. engañar, inventar, fingir, falsear, aparentar, calumniar.

mentira. engaño, embuste, patraña, falsedad, artificio, chisme, cuento, calumnia.

miedo. temor, recelo, ansiedad, aprensión, espanto, terror, horror, desconfianza, alarma, intranquilidad, pavor, pánico.

mil. millar, milenio.

mimar. acariciar, halagar // consentir, malcriar.

mímica. gesticulación, pantomima, gesto, ademán.

mirar. observar, contemplar, escrutar, examinar, ver, atisbar, otear, divisar, avizorar.

minino. V. gato.

modo. V. manera, modalidad, forma, procedimiento // conducta, actitud.

mojar. remojar, humedecer, bañar, empapar, rociar, regar.

momento. instante, segundo, rato, santiamén, tris // tiempo, ocasión, oportunidad.

mono. simio, **chango** *(Méx.)*, mico, primate, macaco, antropoide // bonito, primoroso, gracioso, curioso, lindo, agradable.

montaña. monte, cordillera, volcán, cerro.

morir-se. fallecer, expirar, fenecer, perecer, sucumbir, **pasar a mejor vida**, **estirar la pata**, **entregar el equipo**, **colgar los tenis**, **petatearse**, **dar la última boqueada**.

mover. menear, agitar, sacudir // desplazar, trasladar, cambiar, reubicar.

mucho. bastante, demasiado, abundante, suficiente, montón.

muchos. varios, diversos, incontables, sinnúmero, innumerables.

mundo. orbe, tierra, planeta, globo.

mujer. fémina, hembra, señora, dama // esposa, compañera, consorte, cónyuge.

muñeco. maniquí, mono, títere, monigote, rorro, fantoche, pelele.

muro. V. pared, muralla.

nadie. ninguno.

nativo. oriundo, natural, originario, aborigen, natal.

natural. puro, auténtico, sincero, normal, sencillo, llano, ordinario, común, usual, espontáneo.

necesitar. requerir, precisar, urgir // faltar, carecer.

negocio. transacción, ganancia, empresa, comercio, asunto, pacto, contrato.

niño. infante, mocoso, **chamaco** *(Náh.)*, **escuincle** *(Náh.)*, **chilpayate** *(Náh.)*, **pichi** *(en Chiapas)*, chico, chiquillo, chiquitín, bebé, crío, criatura, párvulo, rorro, nene, **pibe** *(en Argentina)*.

noche. anochecida, anochecer, crepúsculo, oscuridad, tiniebla.

nómada. errante, ambulante, vagabundo, trotamundos, trashumante.

nomo. duende, trasgo, enano, geniecillo.

nombre. denominación, designación, apelativo, título // renombre, fama, celebridad.

nuevo. flamante, reciente, fresco, joven, inédito, original, lozano, otro, diferente, novel, amateur.

número. cifra, guarismo, numeral, cantidad, cuantía // espectáculo // ejemplar **V.E**

OBSERVAR

observar. mirar, analizar, notar, apuntar, reparar // respetar, cumplir.

obvio. evidente, claro, manifiesto, innegable, patente, elemental.

occidente. poniente, oeste.

ocupado. atareado, activo, trabajador, abrumado, ajetreado // completo, lleno // vencido, conquistado, tomado.

ocurrir. acontecer, suceder, pasar, sobrevenir, producirse // ir, asistir, concurrir.

odiar. aborrecer, abominar, detestar.

oeste. occidente, **V.** poniente.

oficina. despacho, bufete // sucursal, representación.

ofrecer. prometer, dar, brindar, convidar, regalar, dedicar, mostrar, proponer, comprometerse.

oír. escuchar, percibir, notar, atender, obedecer.

ordenador. computadora.

ordenar. mandar, exigir, decretar // acomodar, arreglar, armonizar, coordinar, componer.

orgulloso. orondo, ufano, soberbio, altivo, presumido, arrogante.

oriente. este, levante.

orquesta. sinfónica, filarmónica, banda.

oscuro. umbrío, negro, umbroso, sombrío, lóbrego, tenebroso.

oso. plantígrado.

PARED

padre. progenitor, papá, **tata** *(Náh.)*, ascendiente, creador // cura // inventor // muy bueno, muy bonito *(Méx.)* **V. E.**

pagar. retribuir, saldar, abonar, liquidar, desembolsar.

país. nación, estado, pueblo.

palabra. vocablo, término, voz, verbo // elocuencia, habla // promesa, juramento, pacto, compromiso.

paloma. torcaza, tórtola.

panteón. cementerio, camposanto, osario.

papalote *(Náh.).* cometa, **volantín** *(en Chile)*, **papagayo** *(en Venezuela)*, **estrella de rabo**, **barrilete** *(en Argentina)* **V. E.**

papel. pliego, hoja, documento, recado, película // actuación, parlamento, personaje, representación.

par. dos, pareja, yunta // igual, semejante, idéntico, simétrico // doble.

paraíso. edén, cielo, nirvana, gloria.

parar. detener, cesar // edificar, levantar, enderezar // hospedarse // estacionarse.

pararse. levantarse, alzarse, erguirse.

parecido. semejante, similar, análogo, afín, aproximado // sosia // similitud, analogía, aire, parentesco, semejanza.

pared. muro, barda, tapia, muralla, paredón.

pareja. par, dúo, doble // matrimonio, novios // compañero, cónyuge.

parte. pedazo, ración, fragmento, corte, segmento, trozo, sección, migaja, retazo, **cacho**, pizca.

pasado. pretérito, ayer, antes, remoto, antiguo, tiempo ido // rancio, caduco, echado a perder.

pasar. ocurrir, suceder, acontecer, acaecer, transcurrir // atravesar, cruzar, traspasar // transitar, andar, circular // entrar, penetrar // transmitir // rebasar, exceder, superar // colar, filtrar // aprobar, admitir // terminar, cesar.

pato. ánade.

pavo. V. guajolote *(Náh.)*.

pedazo. V. parte, cacho, porción, trozo, fragmento, añico.

pedir. solicitar, demandar, exigir, orar, implorar, requerir, mendigar, suplicar.

pegar. adherir, juntar, ligar, soldar, sujetar, unir, encolar, engomar // arraigar // golpear, aporrear, zurrar, dar // contagiar, transmitir.

película. membrana, capa, revestimiento, piel // filme, cinta.

pelo. cabello, cabellera, melena, vello, bozo, pelusa, pelaje, pelambre, cerda, crin // bicoca, insignificancia, **pelito**.

pensar. meditar, cavilar, lucubrar, rumiar, imaginar, discurrir, recapacitar // concebir, crear, inventar // opinar, creer, entender, estimar // planear, proponerse.

pequeño. chico, diminuto, enano, bajo, estrecho, minúsculo, mínimo, exiguo // **V.** niño.

perder. extraviar, desperdiciar, derrochar, malgastar // ser vencido // pervertir // decaer, aminorar.

perdido. V. perder, desorientado, confundido // corrompido, descarriado.

perdonar. disculpar, absolver, indultar, olvidar.

perfecto. intachable, acabado, cabal, ideal, excelente, impecable.

periódico. diario, prensa, gaceta // sucesivo, regular, reiterado, repetido, rítmico.

permanecer. persistir, seguir, continuar, durar, perpetuarse, quedar-se, perseverar.

pero. no obstante, aunque, sin embargo, empero, nada más que // obstáculo, impedimento, óbice.

perro. can, cachorro, **chucho**, gozque, mastín.

persona. individuo, sujeto, hombre, mujer, prójimo, gente, ser humano.

petate *(Náh.)*. estera, tapete, colchoneta, cama.

pez. pescado.

piedra. roca, pedrusco, guijarro, grava, basalto, canto, cantera, peñasco, risco.

pilmama *(Náh.)*. nana, aya, ama de cría.

piocha *(Náh.)*. perilla, barba // excelente **V. E.**

pirata. corsario, filibustero, bucanero, contrabandista // ilegal, plagiado, imitado.

plátano. banana, banano, **guineo** (en Chiapas).

pluma. bolígrafo, estilográfica // mástil // barra levadiza // (Fig.) escritor, estilo (referido a la literatura) **V. E.**

pobre. menesteroso, miserable, mísero, necesitado, mendigo // desdichado, infeliz, desamparado // insuficiente, escaso.

poco. escaso, exiguo, módico, incompleto.

poner. colocar, situar, acomodar, disponer, depositar, dejar // vestir, ataviarse.

poniente. oeste, occidente, ocaso.

posible. probable, factible, realizable, viable, creíble, accesible, fácil, cómodo.

preguntar. cuestionar, inquirir, interrogar.

prensar. comprimir, aplastar, exprimir, compactar, apretujar.

preocupar. inquietar, intranquilizar, alarmar.

presentimiento. corazonada, presagio, premonición.

presidente. gobernante, dirigente, jefe, director.

pretérito. V. pasado.

primero. inicial, primordial // antes // sobresaliente, superior.

prisión. cárcel, mazmorra, calabozo, penal, celda, reclusorio, presidio.

probable. verosímil, **V.** posible, creíble.

probar. ensayar, experimentar, intentar, tantear // acreditar, convencer, demostrar // saborear, degustar.

problema. enigma, acertijo, cuestión, duda, incógnita // dificultad, impedimento, **V.** pero.

producir. crear, engendrar, hacer, fabricar // fructificar, redituar.

pronto. rápido, raudo, presto, veloz, acelerado, ágil, presuroso // dispuesto, puesto, preparado, alerta // rápidamente, ya, en seguida.

proteger. amparar, cuidar, defender, asilar, preservar, encubrir, custodiar, resguardar.

próximo. cercano, vecino, aledaño, junto, contiguo // siguiente.

pueblo. población, poblado, nación, villa, aldea // tribu, clan // populacho, plebe, masa.

puerco. V. cerdo, marrano, cochino.

pulido. lijado, bruñido, terso, lustroso, liso // fino, educado, cortés, atento.

QUERER

quedar. permanecer, estar, detenerse, subsistir, durar // convenir, comprometerse.

queja. lamento, protesta, quejido, ay, llanto, gemido, sollozo, resentimiento // recurso judicial.

querer. desear, ansiar, apetecer, pretender, demandar, exigir // amar, estimar, adorar.

quieto. inmóvil, reposado, inactivo, estático, fijo // sosegado, tranquilo, calmado.

quitar. sustraer, robar, restar, arrebatar // suprimir, arrancar, extirpar, remover, apartar, eliminar, obviar.

quizá. quizás, tal vez, acaso, posiblemente.

RÁPIDO

rabia. cólera, ira, **V.** enojo, frenesí, enfado, furia, coraje // hidrofobia.

ranchero. granjero, campesino, hacendado, ganadero, agricultor.

rápido. ligero, raudo, veloz, acelerado, pronto, presto, presuroso, vivo, vertiginoso, repentino.

raposa. zorra.

razón. inteligencia, albedrío, razonamiento, pensamiento, juicio // motivo, causa, porqué, móvil // cociente, fracción, división.

real. verdadero, cierto, auténtico // regio.

realizar. hacer, llevar a cabo, lograr, efectuar, ejecutar // vender.

realmente. verdaderamente, ciertamente.

recámara. cuarto, pieza, aposento, cámara, alcoba, habitación.

recordar. acordarse, rememorar, extrañar, evocar, reconstituir // despertar.

recto. V. derecho // correcto, honrado, legal.

refugio. albergue, asilo, cobijo, amparo, guarida.

regalo. presente, don, donación, obsequio // bienestar.

regresar. volver, retornar, tornar, desandar, reiniciar.

relajarse. distenderse, soltarse, tranquilizarse // aflojarse.

remendar. zurcir, recoser, repasar // enmendar, corregir.

reparar. componer // desagraviar, compensar // mirar, notar, advertir, darse cuenta **V. E.**

respuesta. contestación, satisfacción, solución // objeción, refutación, réplica.

retrato. fotografía, foto, imagen, pintura // descripción.

reunión. junta, asamblea, congreso, agrupamiento, comité // tertulia.

reunir. juntar, aunar, adosar, unir, recopilar, recoger // contener.

rey. monarca, soberano.

rico. acaudalado, millonario, potentado, pudiente, adinerado // sabroso, placentero, apetitoso // abundante, fértil.

robot. autómata.

rojo. encarnado, púrpura, colorado, bermellón, bermejo, cárdeno, carmín.

romper. quebrar, desbaratar, rasgar, trozar, quebrantar, destruir, trizar, desgarrar, reventar // terminar **V. E.**

ropa. vestido, vestimenta, vestidura, ropaje, prenda, indumentaria, atuendo.

ropero. armario.

roto. V. romper, quebrado, fracturado.

ruborizarse. sonrojarse, avergonzarse, abochornarse.

ruido. bullicio, estruendo, fragor, escándalo, bulla, alboroto // rumor, sonido, murmullo, ronroneo.

SEGURO

sabio. erudito, entendido, docto, documentado, perito, versado, letrado, prudente.

sala. aposento, salón, auditorio, recinto // tribunal.

saber. conocer, entender, comprender, enterarse // sabiduría, conocimiento, cultura, erudición.

saltar. brincar, botar // lanzarse // omitir, olvidar.

sano. vigoroso, fuerte, saludable // higiénico, conveniente, provechoso.

secreto. misterio, enigma, incógnita, arcano // oculto, escondido, ignorado, misterioso, reservado.

secuestrar. raptar, plagiar, retener, encerrar.

seguir. continuar, perseverar, insistir // perseguir, acosar // acompañar, escoltar // imitar.

seguro. guardado, protegido, a salvo, abrigado // cierto, indudable // firme, sólido, confiable // candado, cerrojo // imperdible.

semilla. grano, germen // origen, procedencia.

seno. cavidad, hueco // regazo, pecho, busto // matriz, interior, ámbito.

sentir. percibir, notar, experimentar // lamentar, dolerse, arrepentirse // opinión, juicio.

señor. adulto // dueño, amo, propietario, patrón // caballero, noble.

separar. apartar, desunir, divorciar, deslindar, aislar, alejar, discriminar.

ser. existir, estar // ente, entidad, sustancia, naturaleza // suceder, ocurrir, acontecer **V. E.**

serie. sucesión, fila, continuación, encadenamiento, conjunto, colección.

serio. solemne, grave, formal, respetable // enojado // fuerte, considerable.

severo. riguroso, estricto, duro, serio.

significar. indicar, equivaler, representar //

ser importante, importar.

silla. asiento, poltrona, sitial, sede, trono.

simple. llano, sencillo, elemental, neto, puro // soso, insulso, bobo.

sin embargo. no obstante, **V.** pero, a pesar de.

situación. caso, circunstancia, ubicación // puesto, empleo.

sofá. canapé, diván, sillón, otomana, asiento.

solo. solitario, aislado.

sólo. solamente, únicamente, tan sólo.

sombra. penumbra, oscuridad, negrura, tiniebla, lobreguez // fantasma // despojo // ignorancia // clandestinidad // abrigo, amparo.

sombrilla. parasol, paraguas.

sonar. resonar, tañer, tintinear, retumbar, crujir, chasquear // rumorarse, decirse // tundir, golpear // mocar-se **V. E.**

sonido. rumor, murmullo, **V.** ruido, tintín.

soplón. delator, denunciante, correveidile, acusón, chivato, chismoso.

sorpresa. asombro, maravilla // susto, sobresalto, alarma // regalo.

sostener. aguantar, soportar, detener // defender, afirmar // proveer, alimentar.

subir. ascender, montar, escalar, trepar, encaramarse, abordar // izar, elevar // progresar.

súbito. repentino, inesperado, imprevisto // violento, impetuoso.

suceder. V. pasar, acontecer, ocurrir, acaecer // reemplazar, sustituir (o substituir) **V. E.**

sueño. modorra, somnolencia, letargo // ensueño, ensoñación, fantasía // deseo, anhelo, ilusión, quimera, utopía.

suerte. fortuna, ventura, casualidad, estrella, sino, acaso, azar, hado, situación, circunstancia.

suficiente. bastante, asaz, sobrado, harto // capaz, competente // engreído, pedante, vanidoso.

suma. adición, cuenta total, resultado // resumen.

suponer. creer, pensar, conjeturar, considerar, sospechar, intuir // significar, entrañar // dar por hecho.

TOCAR

tacaño. V. avaro, agarrado, roñoso, cicatero, ruin, mezquino.

tal vez. acaso, quizá, posiblemente, **quién quita y.**

también. además, igualmente, aún, asimismo, hasta.

tanto. V. mucho // porción // unidad de conteo.

tarde. crepúsculo, vespertino, atardecer, ocaso // P.M. *(post meridiem)*.

tecolote *(Náh.)***. V.** búho.

temprano. pronto, prematuro, adelantado // puntualmente // matinal.

tener. poseer, haber, detentar, disfrutar // asir, agarrar, coger // contener, incluir.

terminar. acabar, completar, finiquitar, concluir, clausurar // zanjar // morir, fenecer.

terrible. horrendo, espantoso, aterrador, atroz, formidable, gigantesco.

test. prueba.

tianguis *(Náh.)***.** mercado.

tipo. clase, especie, muestra, modelo // sujeto.

tímido. timorato, corto, encogido, cohibido, vergonzoso.

tlacoyo *(Náh.)***.** memela.

tlapalería *(Náh.)***.** ferretería.

tocar. tentar, palpar, acariciar, sobar // repicar, tañer, sonar // pulsar, teclear, rasguear, ejecutar // emocionar.

todo. completo, total, absoluto, entero, íntegro // conjunto, totalidad, bloque.

tololoche *(Náh.)***.** contrabajo.

tomar. coger, asir, agarrar, apresar // arrebatar, despojar, hurtar // ocupar, invadir // aceptar, asumir // beber, ingerir, tragar // abordar // elegir // filmar, captar.

tonto. bobo, necio, torpe, idiota, pasmado, sandio, inepto, cretino, **papanatas, zonzo,** estólido.

total. general, universal, absoluto //
íntegro, completo // suma, monto,
resultado.

trabajar. laborar, ejercer // producir,
tallar, moldear // afanarse, trajinar,
matarse, sudar // funcionar, marchar //
ejercitar, entrenar // convencer,
conquistar.

trabajo. tarea, labor, faena, trajín,
actividad, profesión // esfuerzo,
empeño, brega, lucha // producción,
creación.

traer. atraer, allegar, arrimar, importar //
acarrear, causar, originar // usar,
ponerse, vestir, llevar, portar.

tranquilo. calmo, sosegado, pacífico,
plácido, impávido, sereno,
despreocupado // inmóvil.

tratar. procurar, intentar, gestionar //
comerciar, especular, acordar //
relacionarse, alternar, intimar,
conocerse // atender, asistir, curar.

tren. V. ferrocarril, sistema **V. E.**

triste. apesadumbrado, pesaroso,
apesarado, atribulado, cuitado,
melancólico, cabizbajo, deprimido //
sombrío // funesto, deplorable,
aciago // insuficiente.

UNO

último. postrero, postrimero, final, zaguero, trasero, posterior, lo último, nuevo, novedoso.

uno. singular, único, solo, alguno, alguien // unidad // individuo, yo.

usar. utilizar, emplear, manejar, servirse de, aprovechar, usufructuar // acostumbrar, estilar, soler // llevar, vestir // desgastar, raer, ajar.

VENENO

valiente. valeroso, osado, intrépido, temerario, audaz, impávido // *(Fig.)* decepcionante, *(Fig.)* ridículo, *(Fig.)* menudo **V. E.**

veloz. presto, raudo, ágil, **V.** rápido.

venado. ciervo.

venir. acudir, arribar, llegar, comparecer // regresar, volver, retornar // derivar, emanar.

ventana. ventanilla, balcón, claraboya, abertura, hueco, ventanal, tronera, tragaluz.

ver. mirar, percibir, observar, avizorar, ojear, captar, divisar, atisbar // comprender // notar, advertir // estudiar // visitar // atender, **echar un ojo.**

verdad. veracidad, verosimilitud, realidad, certeza, franqueza // axioma, dogma.

verdadero. real, auténtico, cierto, verídico, fidedigno, legítimo // sincero, inocente.

vestido. atuendo, **V.** ropa.

veneno. tósigo, toxina, ponzoña, brebaje, pócima.

vez. turno, mano, tanda, ciclo // ocasión, momento, oportunidad, tiempo.

viaje. periplo, camino, trayecto, recorrido, itinerario // marcha, traslado.

víbora. serpiente, culebra.

vida. existencia, supervivencia // vivir // biografía, historia // aliento, energía, vigor, animación, movimiento // conducta.

viejo. anciano, veterano, longevo // avejentado, senil, achacoso, decrépito, vejestorio // vetusto, antiguo, añejo, arcaico, rancio, antañón, fósil // usado, raído, gastado, deslucido.

viento. aire, soplo, corriente, brisa, ráfaga // huracán, tornado, ventarrón, vendaval, ventisca.

vivir. habitar, ser, existir.

vivo. viviente // listo, ágil, vivaracho.

volver. regresar, tornar, retornar.

xoconoxtle *(Náh.)*. tuna.

zalamero. adulador, adulón, **lambiscón**
    (Méx.).
zambullirse. sumergirse.
zapato. calzado, bota, chanclo, borceguí.
zona. territorio, área, sector.
zopilote *(Náh.)*. buitre, **zope** *(Amér.)*, aura.
zorra. raposa.

Ejemplos como apoyo al diccionario

Esta sección, por medio de algunos ejemplos, te ayudará a entender los diferentes sentidos que tienen los sinónimos de un mismo vocablo.
En el diccionario cuando una palabra tiene diferentes significados, es decir, diferentes acepciones, los sinónimos sucesivos de cada uno de estos significados están separados en series por dos barras inclinadas (//).
Ejemplo:

agudo. afilado, puntiagudo, punzante, picudo // inteligente, perspicaz, ingenioso, penetrante // alto (*en música*).

El uso de estos sinónimos en sus tres sentidos
se ejemplifica en seguida:

agudo

En el sentido de lo que tiene punta afilada, punzante:
*Metí la mano al cajón y me piqué con algo muy **agudo**, algo **puntiagudo**; ¡claro, era la aguja que buscaba!*

En otro sentido, la palabra *agudo(a)* se puede referir a la mente:
*Jaime casi siempre encuentra la solución adecuada porque tiene una mente **aguda**, es muy **ingenioso** e **inteligente**.*

En sentido musical:
*Esa soprano alcanza notas muy **altas**, muy **agudas**.*

Los ejemplos que enseguida se presentan te ayudarán a comprender las diferentes acepciones y los respectivos sinónimos que tienen las palabras que en el diccionario se acotaron con las siglas **V. E**. Tales sinónimos están presentados entre paréntesis y en **negrita**.

amanecer

Como sustantivo:
Para el paseo de mañana, saldremos al **amanecer** (**al alba**, a la **alborada**).

Como verbo:
En esta época del año **amanece** (**clarea**) más temprano.

bien

Hiciste muy **bien** (**correctamente**) la tarea.

Al regalarle ese libro le hiciste un gran **bien** (**beneficio**, **favor**).

Por no comer adecuadamente, Rupertito está **bien** (**muy**) gordo.

Mi tía Juana es rica: tiene muchos **bienes** (**propiedades**).

carta

Me llegó la **carta** (**misiva**, **epístola**) que esperaba.

En tiempos de Cristóbal Colón las **cartas** (**mapas**, **planos**) de navegación eran incipientes.

A mi tío Julián le gusta el póquer, que es un juego de **cartas** (**barajas**, **naipes**).

Para saber qué hay de comer en el restaurante, pido la **carta** (**menú**).

contar

Mi hermanita Yola ya sabe **contar** (**numerar**, **computar**) hasta el diez.

Mi papá a veces, en la noche, nos **cuenta** (**narra**, **relata**) algún cuento.

cortar

Por esta vereda se **corta** (**abrevia**) camino.

cuento

Hans Christian Anderssen escribió el **cuento** (**relato**, **narración**) de La Sirenita.

Lo que dices que hiciste es puro **cuento** (**mentira**, **hablilla**, **chisme**).

Si te interesa, te **cuento** (**narro**, **relato**) una buena anécdota.

falta

Mi amigo Facundo no estudió, y por eso cometió muchas **faltas** (**fallas**, **yerros**, **gazapos**) en el examen semestral.

*El señor Aurelio, a veces, no conduce su coche con cuidado y comete **faltas** (**infracciones**).*

*Dice un dicho: "A **falta** (**carencia**) de pan, tortilla".*

fuerte

*Mi padrino Roberto se ha dedicado muchos años al atletismo y es muy **fuerte** (**robusto**, **vigoroso**, **recio**, **hercúleo**).*

*El joven Federico Delgadillo es un **fuerte** (**capaz**, **poderoso**, **invencible**) jugador de ajedrez.*

*El ejército vencedor había tomado el **fuerte** (**fortaleza**, **baluarte**).*

*Por comer mucho chile me dio un **fuerte** (**intenso**, **agudo**) dolor de barriga.*

izquierda

*El campeón de peso mosca posó para la foto. A su derecha estaba el retador y a su **izquierda** (**siniestra**) su entrenador.*

listo

*Mi primo Humberto es muy **listo** (**inteligente**, **astuto**, **ingenioso**, **despabilado**): siempre sale avante cuando tiene algún problema.*

*Ya está **listo** (**preparado**, **terminado**) el guisado, ya lo puedes servir.*

llevar

*Lleva (**transporta**, **acarrea**) los platos a la mesa.*

*Margarita **lleva** (**viste**) un elegante vestido rojo.*

número

*El centro delantero del Guadalajara lleva en la camiseta el **número** (**cifra**, **numeral**, **cantidad**) cuatro.*

*Nos gustó mucho el **número** (**espectáculo**) de los trapecistas.*

*Es una revista nueva: apenas han salido dos **números** (**ejemplares**).*

padre

*Mi **padre** (**papá**, **progenitor**, **tata**) fue abogado.*

*El **padre** (**cura**) Hidalgo es considerado un admirable héroe nacional.*

*Ese juguete que te regalaron está **padre** (**muy bueno**, **muy bonito**).*

papalote

*El **papalote (cometa)** azul de Sandra es el que vuela más alto.*

*Podría decirse: La **cometa** azul es la que vuela más alto.*

piocha

*Te ves distinto porque te rasuraste la **piocha (perilla, barba)**.*

*Ese dibujo te quedó muy **piocha (excelente)**, me gusta.*

pluma

*Esta **pluma (bolígrafo, estilográfica)** ya no escribe: se le acabó la tinta.*

*Es un artículo periodístico de **pluma (escritor, estilo)** muy conocida.*

reparar

*Para que podamos ir en tu coche lo tienes que **reparar (componer)**.*

*Si quieres que te perdonen tienes que **reparar (desagraviar, compensar)** la ofensa que les hiciste.*

*No había yo **reparado (notado, advertido)** en su presencia.*

En este caso, al usar la palabra reparar, ésta debe ir antepuesta a la palabra en (reparar en).

romper

*Elenita no **rompe (quiebra, troza)** ni un plato.*

*Dijo Lilí: "Estoy triste: **rompí (terminé)** con mi novio".*

ser

*Está orgulloso de **ser (existir, estar)** quien es: está satisfecho consigo mismo.*

*Las bacterias son **seres (entes, entidades)** vivos.*

*La expropiación de la industria petrolífera **fue (aconteció, sucedió, ocurrió)** en 1938.*

*En este caso se usó el vocablo **fue**, pasado del verbo **ser**.*

sonar

*Nos pusimos contentos cuando **sonó (tañó, resonó)** la campana que anunciaba el recreo.*

*Desde el año pasado ya **sonaba (se decía, se rumoraba)** el nombre de la maestra Emma para ser la nueva directora de la escuela.*

*Mario es un buscapleitos y ayer se lo **sonaron (tundieron, golpearon)**.*

*Cuando padece uno catarro, tiene que **sonarse (mocarse)** frecuentemente.*

suceder

*Manuel Ávila Camacho **sucedió (reemplazó, substituyó)** a Lázaro Cárdenas en el cargo de Presidente de México en 1940.*

*¡¿Qué te sucedió **(paso, aconteció, ocurrió)** que traes el ojo morado!?*

tren

*Me gusta mucho viajar en **tren (ferrocarril)**.*

*A ese aeroplano le tienen que reparar el **tren (sistema)** de aterrizaje.*

valiente

*Los Insurgentes fueron hombres **valientes (valerosos, osados, intrépidos)** que hicieron posible la Independencia de México.*

*El abogado de oficio que me defendería era un poco tartamudo. Entonces pensé: "**valiente (decepcionante, ridículo)** defensor me pusieron". Sin embargo, ganó el pleito y me absolvieron.*

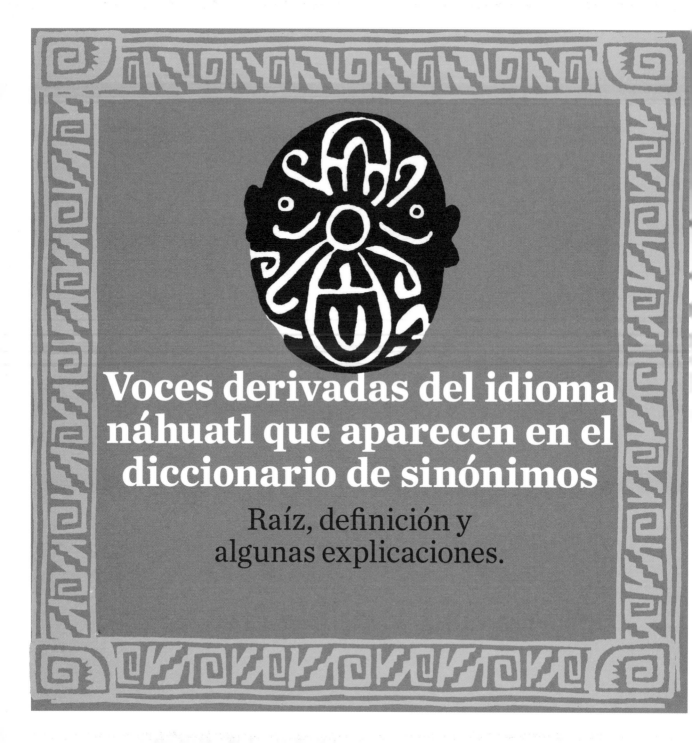

Voces derivadas del idioma náhuatl que aparecen en el diccionario de sinónimos

Raíz, definición y
algunas explicaciones.

El náhuatl se hablaba en Tenochtitlán, hoy ciudad de México, desde antes de la llegada de los españoles a América.
Es el principal idioma originario de México, y por eso el español que hablamos los actuales mexicanos está enriquecido con muchas voces derivadas del idioma náhuatl, como cacahuate, chocolate o guajolote.

Campamocha. De *campa mochan,* "¿dónde está tu casa?" Es un curioso insecto de tamaño mediano, alargado del tórax y con antenas delgadas. Aparenta, por su actitud, que está rezando, pues mantiene sus patas delanteras recogidas ante su cabeza. Por esa actitud orante también se le llama *santateresa, rezandera* o *mantis religiosa. Campamocha* "es un nahuatlismo derivado de la pregunta ¿campa mochan?, 'dónde está tu casa?'"[1] Se trata de un juego infantil consistente en que se le pregunta al animalito "dónde está tu casa" y éste contesta ya sea moviendo la patita derecha o la izquierda.

Cochino. De *cochini,* dormilón. Cerdo. Los antiguos mexicanos, al observar a los primeros cerdos que trajeron los españoles en tiempos de la Conquista y parecerles animales dormilones, empezaron a llamarlos así: *cochini.*

Cochi. Reducción de cochino. Misma raíz, mismo significado. En Chiapas es muy conocido y apreciado el platillo denominado "cochito al horno".

Cocol. De *cocolli,* tamal de maíz y frijol amasado con miel. El cocol es principalmente un pan con forma de rombo y, por extensión, se le llama así a cualquier objeto con forma romboidal.

Cócono. De *coconeh*, plural de *cónetl*, niño(a), hijo(a), cachorro. Cría de pavo.

Cuate. De *coatl,* mellizo. Significa gemelo o persona con la que tiene uno amistad estrecha.

Cuino. Reducción de *cochino.* Misma raíz. Cerdo.

Chamaco. De *chamahuac*, crecido; *chamahua,* crecer. Niño que está creciendo, adolescente.

Chante. De *chantli*, casa. Casa, hogar.

Chilpayate. De *tziptl*, niño y *áyatl*, ayate, manta en que se cargaba al niño.[2] Bebé o niño pequeño.

Chiquirín. De *chiquilichtli*, cigarra. Cigarra.

Chongo. De *tzontli*, cabellos. Pelo trenzado o recogido que se enrosca como peinado en la parte posterior de la cabeza. También, en otro sentido, a un dulce de origen michoacano a base de leche cortada y almíbar se le conoce como "chongos zamoranos" (siempre en plural).

Chuchuluco. De *chocholoqui*, loco, insensato. También se le llama así a la golosina que se da a un niño y, antiguamente, a caricias hechas al mismo. Caramelo, bombón.

Cuija. De *cohuixin*, acortamiento de *teco-huixin*, cuija. Luis Cabrera consigna como etimología *cuix-cuix*, "dónde-dónde", voz onomatopéyica, ya que imita al silbido de este animal.[3] Es una especie de lagartija larga y delgada que, de tan pálida, parece transparente. Es de tierra caliente. Se ve en paredes y techos, y emite un agudo silbido.

Escuincle. De *itzcuintli*, escuintle. Perro sin pelo que los antiguos mexicanos comían. Por carecer de pelo, su temperatura corporal es alta (promedio de 40°). También se le nombra así a los niños. Niño o muchacho.

Guacal. De *huacalli*, huacal o guacal. Especie de jaula formada por varas gruesas o tablitas. Se usa para contener y transportar pequeñas frutas u objetos varios.

Guacamole. De *ahuácatl*, aguacate y *molli*, salsa o potaje. El guacamole es una espesa salsa elaborada básicamente con aguacate machacado y aderezada con chile y cebolla. A veces lleva jitomate o tomate.

Guajolote. De *huexólotl*, guajolote. Pavo.

Itacate. De *ihtácatl*, itacate. Se llama itacate a una suerte de envoltorio con comida dentro, que se hace como provisión de alimento para el camino, o que algún anfitrión da como regalo a sus invitados para que lleven comida a sus casas.

Jolote. Reducción de *guajolote*, usada en Chiapas. Guajolote, pavo.

Machincuepa. De *maitl*, mano, *tzintl*, trasero y *cuepa*, voltear o dar vuelta. Voltereta o maroma que se hace apoyando la cabeza y las manos sobre el suelo y empujando con los pies, para caer de espalda.

Mecate. De *mécatl*, cuerda. Lazo de ixtle o fibra de maguey.

Papalote. De *papálotl*, papalote o mariposa. Juguete hecho de papel de china y varas delgadas y ligeras, con una especie de cola hecha de trapos pequeños, que se echa a volar y se retiene y manipula con un cordel. Papalote, cometa.

Petate. De *pétlatl*, petate. Especie de estera o tapete tejido con tallos de tule o con finas hojas de palma, para dormir en él. En ocasiones excepcionales se ha llegado a usar para envolver cadáveres y llevarlos a enterrar.

Pilmama. De *pilli*, hijo y *mama*, cargar a cuestas. Persona ajena a la mamá, que cuida o carga a determinado niño.

Piocha. De *piochtli*, mechón de pelo que en época prehispánica se dejaba a niños o muchachos en la nuca. Actualmente se le llama piocha a la barba del mentón. Se usa también, coloquialmente, como sinónimo de *muy bueno o excelente.* Por ejemplo, *eso está muy piocha* significa "eso está muy bueno".

Pípilo. De *pipilpípil*, plural de *pilli*, niñitos. Poyuelo del guajolote o pavo.

Tata. De *tahtli* o *tatahtli*, padre. Padre o varón maduro muy respetable. También se le llama tata al abuelo.

Tecolote. De *tecólotl*, búho (de *tentli*, labio o pico y *colihui*, torcer).

Tianguis. De *tianquistli*, sitio para vender. Mercado al aire libre que se hace un día determinado de la semana.

Tlacoyo. De *tlacoyo* o *tlacloyo*. Especie de pequeña empanada alargada de masa de maíz generalmente rellena de frijol, haba o requesón.

Tlapalería. De *tlapalli*, color o pintura. Tienda en que se venden pinturas, tornillos, otros artículos de ferretería, hogar, eléctricos y de albañilería. Es un expendio más pequeño que una ferretería.

Tololoche. De *tololóntic*, duplicativo de *tolóntic*, cosa redonda o esférica. Es un contrabajo un poco más pequeño que el habitual. Se usa principalmente en música norteña (del norte de México). Contrabajo.

Totol. De *totol*, reducción de *totolin*, gallina, ave de corral o guajolota. Guajolote, pavo.

Xoconoxtle. De *xocotl*, fruta y *nochtli*, nopal. Es una especie de tuna rojiza, sin espinas, de aproximadamente tres centímetros y medio de diámetro, que se usa en platillos regionales como el mole de olla y en otros.

Zopilote. De *tzopílotl*, zopilote. Ave de rapiña de plumas negras.

---

[1] Carlos Montemayor, *Diccionario del náhuatl en el español de México,* Universidad Nacional Autónoma de México y Gobierno del Distrito Federal, p. 342.

[2] Ídem, p. 48. Montemayor cita como fuente a Cabrera.

[3] *Diccionario de Aztequismos.* Luis Cabrera, Colofón, p. 59.

Bibliografía consultada

CABRERA, Luis, *Diccionario de aztequismos*, México, Colofón, 2010.

CORRIPIO, Fernando, *Sinónimos y antónimos*, México, Larousse, 1997.

Diccionario de la Lengua Española, Madrid, Real Academia Española, 1970.

DOEZIS, Miguel, *Diccionario de sinónimos, antónimos y parónimos*, Madrid, Libsa, 1995.

LARA, Luis Fernando (director), *Diccionario del español usual en México*, México, El Colegio de México, 1996.

MOLINER, María, *Diccionario de uso del español*, Madrid, Gredos, 1997.

MONTEMAYOR, Carlos (coordinador), *Diccionario del náhuatl en el español de México*, México, Universidad Nacional Autónoma de México y Gobierno del Distrito Federal, 2007.

SAINZ de Robles, Federico Carlos, *Ensayo de un diccionario español de sinónimos y antónimos*, Madrid, Aguilar, 1977.

Bibliografía recomendada

CORRIPIO, Fernando, *Sinónimos y antónimos*, México, Larousse, 1997.

LEÓN-Portilla, Miguel, *Filosofía náhuatl*, México, Universidad Nacional Autónoma de México, 1956.

MONTEMAYOR, Carlos (coordinador), *Diccionario del náhuatl en el español de México*, México, Universidad Nacional Autónoma de México y Gobierno del Distrito Federal, 2007.

SAINZ de Robles, Federico Carlos, *Ensayo de un diccionario español de sinónimos y antónimos*, Madrid, Aguilar, 1977.

Terminó de
imprimirse en 2015
en los talleres de
Editorial Impresora Apolo,
S. A. de C. V., Centeno 150-6,
colonia Granjas Esmeralda,
delegación Iztapalapa,
09810, México,
D. F.

Sinonimero

Para su
composición se
utilizaron las fuentes
Chronicle Text con sus
variantes Roman, Italic,
Bold, Bold Italic, Semi y Semi
Italic; Amerycan Typewriter
con sus variantes Light,
Medium y Bold; Cooper
Black y Rockwell.